张玲 编著

奥妙无穷 ▼

文侦字探

WENZI
ZHENTAN

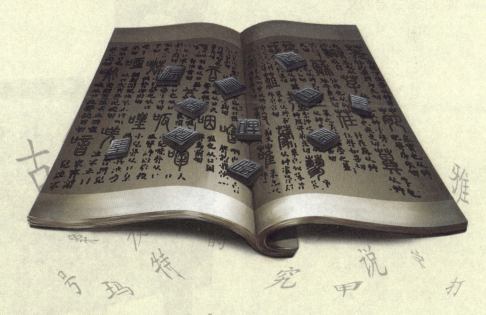

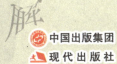

中国出版集团
现代出版社

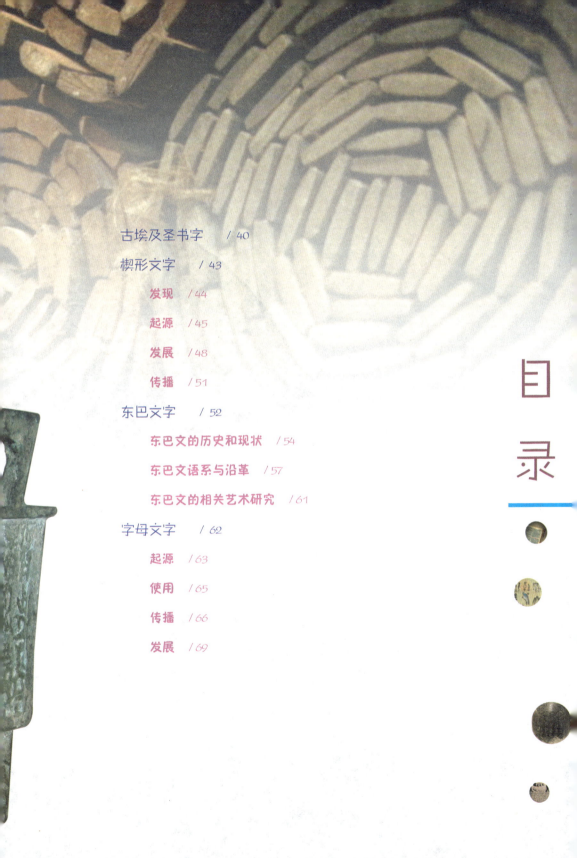

目　录

目 录

认识文字

文字是人类用来记录语言的符号系统，在语言学中指书面语的视觉形式，古代把独体字叫作"文"，把合体字叫作"字"，现在联合起来叫作"文字"，文字的基本个体叫作"字"。在日常生活中，"文字"还可以指书面语、语言、文章、字等。文字是人类记录思想、交流思想的符号，它于1万年前"农业化"开始以后萌芽，随着人类由野蛮向文明过渡，是由先人们在生产和交换的过程中创造并不断改进而形成的。

文字的属性 〉

文字有视觉属性、约定属性和系统属性。文字的视觉属性是指：文字是简单的视觉图案，再现口语的声音，因而更加清晰，可以反复阅读，可以突破时间和空间的限制。文字的约定属性是指：文字是人类约定创造的视觉形式。必要的时候可以重新约定，形成文字改革。文字的系统属性是指：无论是语素文字、音节文字还是音素文字都有自己严密的系统，因此不能望文生义，改革也会牵一发动全身。

文字的功能 〉

人类长期只有口语，用文字记录口语形成的书面语历史很短。系统的语言成为区分人和禽兽分离的重要工具，文字使人类进入有历史记录的文明社会。文字突破口语受到时间和空间的限制，使人类可以在书面语的基础上完整地传承人类的智慧和精神财富，使人类能够完善教育体系，提高自己的智慧，发展科学技术，进入文明社会。文字是记录语言的。其功能主要可以从以下几个方面来认识。

第一，文字的发明克服了语言交际在时间和空间上的局限，使一发即逝的语言可以"传于异地，留于异时"。与此同时，相隔千山万水的人也可以通过文字写成的文本相互交际。

第二，文字通过书面语能更好地记录人类的文化活动。在没有文字以前，人类的文化活动主要是通过传说和史诗来传诵的，那时每一个文化群体或部落都有一些专门唱史诗和讲传说的人。如果唱史诗的人都去世了，文字记录也就中断了。如果某一民族的语言不再使用了，这个民族的民族史也因此消失了。文字的出现为记录人类文化活动提供了更好的手段。如果说语言使人类摆脱了动物的本能生活方式，那么文字则使人类由原始蒙昧状态进入了文明状态。

第三，文章能促进思维的发展。一种文化如果没有文字，就如一个人不识字。识字的人和文盲在智力和能力上的区别是非常大的。我们把有文字的社会称为文明社会，把没有文字的社会称为原始社会。文明社会的人群和原始社会的人群在思维上的区别相当大。有了文字，人类不仅通过表音符号思维，而且可以通过表形表意文字思维。文字使思维有了表象。设想不用文字符号来完成一个简单的方程运算是多么困难。

文字侦探

文字的特点 〉

中国的文字主要是汉字。汉字源于图画，由原始的图画演变而成。其似画非画，似字非字，我们称为图画文字。图画文字经过了3000多年的演变，由象形文字→甲骨文→大篆→小篆→隶书→楷书，以至现在的电脑字体。图画文字已成为笔画省简具规模的汉字了。

汉字是我国古代劳动人民在长期的社会实践中创造出来的。汉字在世界文字体系中有着独特而又崇高的地位。首先，汉字是世界上通行面最广的文字。一种文字通行面的广狭，是由它通行地区的大小和其使用人数的多少来共同决定

的，我国领土面积世界第三，人口也有十亿多，而其中使用汉语的占百分之八十以上，这是世界上任何一种文字所不能比的。

其次，汉字是世界上历史最悠久的文字之一。历史学家告诉我们，世界上最古老的文字有两种，一种是楔形文字，距今4000多年，另一种是埃及的象形文字，大约距今3400多年。而我们的汉字，从近年的考古资料可以看出，汉字的历史可以追溯到五六千年前，而且汉字的寿命是最长的，我们至今仍在使用它。

汉字还有一个显著的特点，它是独立

创造、独立发展起来的文字。对照其他民族的拼音文字我们可以知道，它们大都是依傍着其他民族的文字改造的。而汉字则是由图画发展起来的象形文字，在它的发展过程中，跟埃及文字走着不同的道路，埃及的象形文字最终变成了拼音字母，而发展成为一种拼音文字。汉字却以象形文字为基础，用一种独创的方法把音形义结合起来，成为一种丰富多彩的文字体系。

由于汉字的通行面特别广，历史特别长，我们民族的宝贵遗产靠它保存下来的也特别多。包括哲学的、科学的、历史的、文学的，代表着我们民族文化的全部结晶。通过汉字我们可以看到3000多年前的状况，听到2000多年前的百家争鸣。

总之，汉字对我们民族文化的传承有着莫大的贡献。同时，汉字是唯一可以成为艺术品的文字。汉字是由图画发展而来的，成为一种线条文字，而线条结构则可以表现出一种构图美。所以，汉字除了可以记录汉语以外，还可以成为一种高级的艺术品。历代都出过以书法著称的人，如汉代蔡邕的八分书，晋代王羲之的行草，唐朝张旭的狂草。在我国历史上，书法与绘画齐名，不分轩轾。其他民族的文字虽也讲究书法的抒写，却没有哪个民族把书法列为艺术品。

文字的种类 〉

中文字是一种语素文字。从中文字本身的构造看，中文字是由表意、表音的偏旁（形旁、声旁）和既不表意也不表音的记号组成的文字体系。

中文字起源于图画。在中文字产生的早期阶段，象形字的字形跟它所代表的语素的意义直接发生联系。虽然每个字也都有自己固定的读音，但是字形本身不是表音的符号，跟拼音文字的字母的性质不同。象形字的读音是它所代表的语素转嫁给它的。随着字形的演变，象形字变得越来越不象形。结果是字形跟它所代表的语素在意义上也失去了原有的联系。这个时候，字形本身既不表音，也不表义，变成了抽象的记号。如果汉语里所有的语素都是由这种既不表音也不表义的记号代表的，那么中文字可以说是一种纯记号文字。

中文字具有独体字与合体字的区别。只有独体字才是纯粹的记号文字（被称作"文"）。合体字（被称作"字"）是由独体字组合造成的。从构造上说，合体字比独体字高一个层次。因为组成合体字的独体字本身虽然也是记号，可是当它作为合体字的组成成分时，它是以有音有义的"字"的身份参加的。

合体字可以分成以下三类：

• 形声字

形声字由表示意义的形旁和表示读音的声旁两部分组成。拿构造最简单的形声字来说，形旁和声旁都是由独体字充当的。作为形声字的组成部分，这些独体字都是有音有义的字。不过形旁只取其义，不取其音，例如"鸠"字的偏旁"鸟"；声旁则只取其音，不取其义，例如"鸠"字的偏旁"九"。 由于字义和字音的演变，有些形声字的形旁或声旁现在已失去了表意或表音的功能。例如"球"本来是一种玉的名称，所以以"玉"为形旁。现在"球"字不再指玉，这个形旁就没有作用了。再如"海"字本来以"每"为声旁。由于字音的变化，现在"海"和"每"的读音相去甚远，声旁"每" 也就不起作用了。有的时候，形旁和声旁都丧失了原来的功能，例如"给"、"等"、"短"。这一类字已经不能再作为形声字看待了。

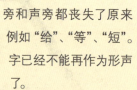

• 合体会意字

古人说"止戈为武"，"人言为信"。对于"武"、"信"两个字来说，这种解释是错误的。不过汉字体系里确实有按照这种方式造的字，例如"不正为歪"、"不好为孬"。这一类字的特点是会合偏旁的字义来表现整个合体字的意义。这种字为数很少，只有个别的例子。

形声字和非形声字之间并没有明确的界限。造字之初，形声字和它的声旁的读音本来就不一定密合。发展到现代汉字，出入就更大了。有人拿 7500 多个现代合体汉字进行统计。就普通话读音来说，合体字跟声旁完全同音（声母、韵母、声调全同）的不到 5％。声母、韵母相同而声调不同的约占 10％。只有韵母一项相同的约占 20％。如果我们只把前两类看作形声字，那么形声字大概只占通行汉字的 15％。如果把以上三类全看作形声字，形声字大概会占通行汉字的 35%。要是把标准再放宽或者完全根据来历确定形声字，那么通行汉字中形声字的百分比还要高得多。

以上两类合体字里的偏旁有的有表意作用，有的有表音作用。下边一类的情形不同。

• 合体记号字

这一类合体字的偏旁既不表意，也不表音。这主要有两种情形。一是由于字音和字义的变化，原来的声旁和形旁已经不再表音、表意了。例如上文举过的"给"、"等"、"短"一类字。另一种情形可以举"章"字为例。按照汉代许慎《说文解字》的分析，"章"字从"音"从"十"。可是现在一般人说"立早章"（以区别于"弓长张"）的时候，是把它分析成"立"和"早"两部分。其实从古文字看，"章"本来是一个独体象形字，跟"音"、"十"、"立"、"早"都没有关系。

● 世界上最古老的文字

世界上最古老的五种文字是：甲骨文、象形文字、楔形文字、字母文字和东巴文字。

甲骨文 ＞

甲骨文被认为是现代汉字的早期形式，有时候也被认为是汉字的书体之一，也是现存中国最古老的一种成熟文字。甲骨文又称契文、龟甲文或龟甲兽骨文。甲骨文是一种很重要的古汉字资料。绝大部分甲骨文发现于殷墟。殷墟是著名的殷商时代遗址，范围包括河南省安阳市西北小屯村、花园庄、侯家庄等地。这里曾经是殷商后期中央王朝都城的所在地，所以称为殷墟。这些甲骨基本上都是商王朝统治者的占卜记录。商代统治者非常迷信，例如十天之内会不会有灾祸，天会不会下雨，农作物是不是有好收成，打仗能不能胜利，应该对哪些鬼神进行哪些祭祀，以至于生育、疾病、做梦等等事情都要进行占卜，以了解鬼神的意志和事情的吉凶。占卜所用的材料主要是乌龟的腹甲、背甲和牛的肩胛骨。通常先在准备用来占卜的甲骨的背面挖出或钻出一些小坑，这种小坑甲骨学家称之为"钻凿"。占卜的时候就在这些小坑上加热使甲骨表面产生裂痕。这种裂痕叫作"兆"。甲骨文里占卜的"卜"字，就像兆的样子。从事占卜的人就根据卜兆的各种形状来判断吉凶。从殷商的甲骨文看来，当时的汉字已经发展成为能够完整记载汉语的文字体系了。在已发现的殷墟甲骨文里，出现的单字数量已达4000左右。其中既有大量指事字、象形字、会意字，也有很多形声字。这些文字和我们现在使用的文字，在外形上有巨大的区别。但是从构字方法来看，二者基本上是一致的。

• 甲骨文的发现

在清朝光绪年间，有个叫王懿荣的人，是当时最高学府国子监祭酒（相当于校长）。有一次他看见一味叫龙骨的中药上面刻着字，觉得很奇怪，就翻看药渣，没想到上面居然有一种看似文字的图案。于是他把所有的龙骨都买了下来，发现每片龙骨上都有相似的图案。他把这些奇怪的图案画下来，经过长时间的研究他确信这是一种文字，而且比较完善，应该是殷商时期的。后来，人们找到了龙骨出土的地方——河南安阳小屯村，那里又出土了一大批龙骨。因为这些龙骨主要是龟类兽类的甲骨，于是人们将它们命名为"甲骨文"，研究它的学科就叫作"甲骨学"。

甲骨文的发现引发了当地民间对甲骨的私掘热潮，各地古董商人、藏家学者纷至沓来，大量收买。据统计，到民国十七年（1928年），已有数万片甲骨流散各地。同年，民国中央研究院历史语言研究所成立，很快提出殷墟发掘计划。8月，在考古学家董作宾领导之下，第一次对殷墟进行了科学发掘，直到民国二十六年（1937年）抗战爆发前夕，前后共进行15次发掘，获得有字甲骨24 918片。日军占领安阳期间，日本方面曾组织日本学者在当地发掘甲骨及其他文物，并将所得运往日本。中华人民共和国成立后，中国科学院等部门继续开展甲骨发掘工作，共获得5300多片。此外，河南辉县、偃师、洛阳、郑州

王懿荣雕像

二里岗及河北藁城等地的商代遗址也有有字甲骨出土。陕西岐山、山西洪洞、北京昌平等地还发现了周代的有字甲骨。

目前发现有大约15万片甲骨，4500多个单字。这些甲骨文所记载的内容极为丰富，涉及到商代社会生活的诸多方面，不仅包括政治、军事、文化、社会习俗等内容，而且涉及天文、历法、医药等科学技术。从甲骨文已识别的约2500个单字来看，它已具备了象形、会意、形声、指事、转注、假借的造字方法，展现了中国文字

的独特魅力。中国商代和西周早期（约公元前16—10世纪）以龟甲、兽骨为载体的文献，是已知汉语文献的最早形态。刻在甲骨上的文字早先曾称为契文、甲骨刻辞、卜辞、龟版文、殷墟文字等，现通称甲骨文。商周帝王由于迷信，凡事都要用龟甲（以龟腹甲为常见）或兽骨（以牛肩胛骨为常见）进行占卜，然后把占卜的有关事情（如占卜时间、占卜者、占问内容、视兆结果、验证情况等）刻在甲骨上，并作为档案材料由王室史官保存。除占卜刻辞外，甲骨文献中还有少数记事刻辞。甲骨文献的内容涉及当时天文、历法、气象、地理、方国、世系、家族、人物、职官、征伐、刑狱、农业、畜牧、田猎、交通、宗教、祭祀、疾病、生育、人文、地理、灾祸……是研究中国古代特别是商代社会历史、文化、语言文字的极其珍贵的第一手资料。

在1985年夏，陕西考古研究所镐京考古队西安市西南处20多公里的长安县斗门镇花园村一带，发掘出西周名都镐京的大型宫殿建筑遗址时，意外地发现了一处"龙山文化"时期的原始社会部落居住遗址，并且在这个遗址上发现了一批刻有文字的甲骨。据此，考古学家和古文字学家认为它是中国迄今所见的最早的甲骨文，这批甲骨文的历史至少可上溯到4500—5000年之前，比过去认定的商代甲骨文要早1200—1700年。

• 甲骨文的特点

从字体的数量和结构方式来看，甲骨文已经发展到了有较严密系统的文字了。汉字的"六书"原则，在甲骨文中都有所体现。但是原始图画文字的痕迹还是比较明显。其主要特点：

1. 在字的构造方面，有些象形字只注重突出实物的特征，而笔画多少、正反向背却不统一。

2. 甲骨文的一些会意字，只要求偏旁会合起来含义明确，而不要求固定。因此甲骨文中的异体字非常多，有的一个字可有十几个甚至几十个写法。

3. 甲骨文的形体，往往是以所表示实物的繁简决定大小，有的一个字可以占上几个字的位置，可有长、有短。

4. 因为字是用刀刻在较硬的兽骨上，所以笔画较细，方笔居多。

由于甲骨文是用刀刻成的，而刀有锐有钝，骨质有细有粗，有硬有软，所以刻出的笔画粗细不一，有的纤细如发，笔画的连接处又有剥落，浑厚粗重。结构上，长短大小均无一定，或是疏疏落落，参差错综；或是密密层层，十分严整庄重，故能显出古朴多姿的无限情趣。甲骨文，结体上虽然大小不一，错综变化，但已具有对称、稳定的格局。所以有人认为，中国的书法，严格讲是由甲骨文开始，因为甲骨文已备书法的三个要素，即用笔、结构、章法。

甲骨文因镌刻于龟甲与兽骨上而得名，为殷商流传之书迹；内容为记载盘庚迁殷至纣王间 270 年之卜辞，为最早之书迹。殷商有三大特色，即信史、饮酒及敬鬼神。也因为如此，这些决定渔捞、征伐、农业诸多事情的龟甲，才能在后世重见天日，成为研究中国文字重要的资料。

甲骨上细瘦的笔迹，也受到刀刻的影响。占卜时常用"是"或"否"刻于龟甲中央纵线两侧，自此中线向左右书写，故两旁对称和谐，具有行款对称之美。且契刻后，大小字分别填上墨朱，或正反面分填朱墨，深具艺术之意味，堪称书史奇迹。

• 甲骨文的内容

甲骨文有完整的内容和形式。它一般包括叙辞（为贞卜日期和贞人名）、命辞（所问之事）、占辞（为商王亲自视兆占问吉凶）、验辞（刻记占卜结果）等项，故又称甲骨文为卜辞。刻辞的排列也很有规律，或由上而下，或由下而上；或从右至左，或从左至右，但一般是先横后竖。一片甲骨上少则数字，多则上百字。其章法布置毫无做作气，错落自然，浑然一体，变化无穷，一片天机。无论从哪方面看，都体现了殷代贞人高度的艺术技巧和艺术匠心。

甲骨文的内容大部分是殷商王室占卜的记录。商朝的人皆迷信鬼神，大事小事都要卜问，有些占卜的内容是天气晴雨，有些是农作收成，也有问病痛、求子的，而打猎、作战、祭祀等大事，更是需要卜问了！所以通过甲骨文的内容可以约略了解商朝人的生活情形，也可以得知商朝历史发展的状况。

• 甲骨文字典

　　清末刘鹗著的《铁云藏龟》是甲骨文的第一部字典。1903 年由抱残守缺斋石印出版。1903 年，刘鹗从所藏的 5000 余片甲骨中精选 1058 片，编成《铁云藏龟》共 6 册。原书有罗振玉和吴昌绶的序以及刘鹗的自序。后徐中舒的《甲骨文字典》由四川辞书出版社出版，刘兴隆的《新编甲骨文字典》由国际文化出版公司出版，刘星池的《甲骨文画帖字典》由山东美术出版社出版，中国社会科学院考古研究所编辑的《甲骨文编》由中华书局出版。

　　王本兴所著《甲骨文字典》由北京工艺美术出版社出版。自此甲骨文与现代汉语字有了真正意义上的接轨。成为甲骨文工具书的里程碑。甲骨文是最早的成熟的汉字系统，是世界四大古文字中唯一与活文字有传承关系的古文字。众多甲骨文学

刘鹗画像

者历尽毕生精力，已辩识出甲骨文近两千个，辩识很难，经辩识后再认知则很容易。每一个小学生利用汉语拼音的索引，就可以轻而易举地认识这些甲骨文字。但它对人一生的文字修养都有好处。汉字的基础要从甲骨文打起，而这本《甲骨文字典》则是打好汉字基础的有力工具。该书在 2011 年第二十届美术图书评比中获得"金牛杯"金奖。

• 甲骨文书法

甲骨文是目前所知中国最早的系统文字，也是比较成熟的文字。而上古文字的点横撇捺、疏密结构，用今天的眼光去看，确实初具用笔、结构、章法等书法要旨，孕育着书法艺术的美，很值得欣赏与品味。以甲骨文而言，郭沫若在 1937 年出版的《殷契粹编》的序言中，就对其书法体现非常赞赏："卜辞契于龟骨，其契之精而字之美，每令吾辈数千载后人神往。文字作风且因人因世而异，大抵武丁之世，字多

郭沫若

雄浑，帝乙之世，文咸秀丽。而行之疏密，字之结构，回环照应，井井有条⋯⋯足知现存契文，实一代法书，而书之契之者，乃殷世之钟王颜柳也。""钟王颜柳"指的是古代的四位大书法家。殷代的"钟王颜柳"们，就是那些书刻卜辞的史官卜人。正是他们为后人留下了丰富的史料，也留下了一份份珍贵的上古书法作品。若就甲骨文书契形式做粗略的一瞥，会发现早期字体较大，像罗振玉编《殷虚书契菁华》所收录的许多武丁时期的卜辞，非常大气、醒目；而到商末帝乙、帝辛时代，字变得细小委琐；至于西周甲骨文则更是细若粟发。甲骨文风格类型：一是劲健雄浑型，二是秀丽轻巧型，三是工整规矩型，四是疏朗清秀型，五是丰腴古拙型。总之尽管甲骨文是契刻出来的文字，但笔意充盈，百体杂陈，或骨格开张，有放逸之趣；或细密绢秀，具簪花之格，字里行间，多有书法之美。

所谓"甲骨文书法"，大抵有两层意思。一是指以商周甲骨文字体结构、书法特征为宗，加以工整地摹写而成的书法作品。这类作品可以按照需要集古字以组合为新句子。内容是新的，字却如同3000 年前殷人的入笔文字一般饶富雅趣。但是甲骨文总共才 2000 多字，其中还有不少尚未释出的怪字（特别是人名、地名），真正派上用场的不是很多。因此一旦遇到甲骨文中没有的字，而所书写的对联、题

词中又无法代替，就只好进行偏旁拆零，自己拼接了；再拼不出，就要到金文等其他古文字里去讨救兵。进行这项创作的首要人物是罗振玉。1921年他在研究之余，将甲骨文用毛笔书写成楹联，出版了《集殷墟文字楹帖》。继之有章钰、高德馨、王季烈等人，也仿效集字创作。一些古文字学前辈如董作宾、商承祚、唐兰、于省吾等也擅长甲骨文书法，这是本真正意义上的甲骨文书法作品。

另一层意思是指借鉴甲骨文特征加以自行创作的现代书法作品。他们将甲骨文视作一种灵感，仅仅是艺术创作中的一点启示，而并不在于追求"形似"。因此，他们并不严格按甲骨文的书法特征去写，可能是综合了甲骨文、金文、战国文字等多种古文字的特点而创作。这样的书法艺术与古文字学虽有关系，但不是亦步亦趋。

有的学者更认为，甲骨文的"书体"在甲骨断代和碎片的缀合中，"起了决定性的作用"。书法形体取决于书写人的技术与手法。它的流行受习惯的

崇尚而具有时间性。用书体来测量某一时期文化和艺术的风尚，可以大体上窥见一斑。并指出：武丁时期的书法，气魄雄伟，峻敖瑰丽。即使中小字体也是工整秀丽，但无论大中小字体，无一处不表现出这一时期书法方面的熟练、深邃的造诣；祖庚祖甲时期，主要在严饬工整方面下工夫，与后世书家比拟，颇有欧阳率

更的风趣；禀辛康丁时代，一部分沿袭了祖庚祖甲时工整的作风，但大多逐渐衰退，趋向潦草苟且；武乙时期的大字，粗疏古拙，劲削而带有暴戾的气氛；文丁武丁的作品，又是五花八门，百体杂陈，在书法上颇有百花齐放、百家争鸣的情景，有的骨骼开张，有放逸之趣，有的细小娟秀，有簪花之格。

可见，甲骨文的书法艺术是为学者们所公认的。此外，甲骨文还具有自身的一些特点。它一般是用刀直接刻字，有的刻好后还填以朱砂，也有个别不是刀刻而是用朱砂直接写成的。所以，甲骨文的刀法就体现了它的笔意。从刻划的线条犀利苍劲来看，刀法也很熟练。线条起止有度、转折恰当，且有粗有细，有长有短，说明有用单刀，也有用双刀的。字形结构一般呈瘦长形，有大小、长短、方圆之别；各种长短线条的排列疏密有序，各种横竖斜直线的组合也恰如其分，既保持了平衡对称的结构，又表现出丰富而有变化的笔意。同时，甲骨文还具备了象形、指事、会意、假借、转注、形声"六书"的汉字构造法则，既是成熟的文字，也是高水平的书法艺术。

25

• 甲骨文的相关研究

甲骨文被发现之后，引起学术界的轰动。古董商人为了垄断财源，对于甲骨的来源秘而不宣，之后又谎称出自河南汤阴、卫辉等地。直到 1908 年，学者罗振玉才首先得知甲骨出土于河南安阳的小屯村一带，于是他派遣自己的亲属去安阳求购，又亲自前往安阳进行实地考察。先后共搜集到近 2 万片甲骨，于 1913 年精选出 2000 多片编成《殷墟书契》(前编) 出版，随后又编印了《殷墟书契菁华》(续编)，为甲骨文的研究奠定了基础。继罗振玉之后，许多著名的学者，如王国维、郭沫若、董作宾、唐兰、陈梦家、容庚、于省吾、胡厚宣等都进行了卓有成效的考释和研究，形成了一门专门的学问——甲骨学。董作宾、罗振玉、王国维、郭沫若并称为"甲骨四堂"，被誉为甲骨学研究的一代宗师。甲骨文是中国发现最早的文献记录，如今甲骨学已成为一门蔚为壮观的世界性学科，从事该研究的中外学者有 500 多人，发表

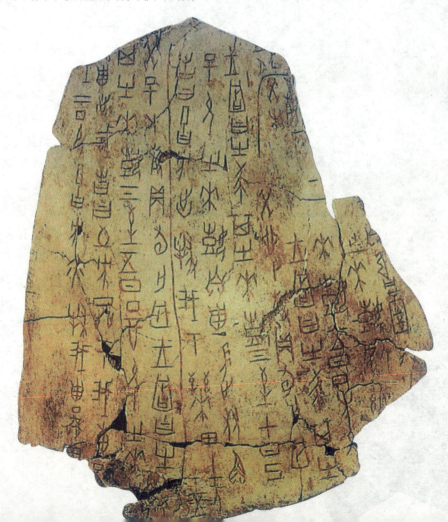

的专著、论文达 3000 多种。它对历史学、文字学、考古学等方面都具有极其重要的意义。

司马迁在《史记》中有一篇《殷本纪》，详细记载了商王朝的世系和历史。过去，史学界许多人对这些记载将信将疑，因为没有当时的文字记载和留存的实物资料可作印证。本世纪初，罗振玉在他搜集的甲骨中，发现了刻有商王朝先公、先王的名字，证实了这些甲骨的出土地小屯就是《史记》中所说的"洹水南，殷墟上"的殷墟所在地。此后，学者王国维对甲骨卜辞中所见的商代诸先王、先公，对照《史记》记载做了详细的考证，证实了《史记》中《殷本纪》的可信性。殷墟是商朝第 10 代王盘庚于公元前 1318 年，把都城从奄（今山东曲阜附近）迁到殷（小屯村一带），从此历经至 8 代 12 王，在此建都达 273 年之久。这些研究成果，把中国有考据可信的历史提早了 1000 年。从一片殷商甲骨上文字的发现和认定，由此发展到肯定了一个距今 3000 多年，长达 600 多年的朝代，这是多么了不起的发现！这样就把 20 世纪 20 年代一些学者认为中国的可信历史始于西周的"疑古"思潮予以彻底的否定。

 与甲骨文有关的人物历史

• 王懿荣

在发现甲骨文半年后，王懿荣在"庚子国难"奋勇御敌，后从容就死，以身殉国。据记载，他的自戕过程极其惨烈，先是吞金，未死；又服毒，仍未死；在受尽极端痛苦后，他挣扎着来到院中灰褐色的井边，投水而死。

• 刘鹗

晚清四大谴责小说《老残游记》的作者江苏人刘鹗，出身于封建官僚家庭，从小得名师传授学业。他学识渊博，精于考古，并在算学、医道、治河等方面均有出类拔萃的成就。在购得王懿荣的甲骨后，刘鹗又搜集了几千片，于1903年出版了《铁云藏龟》一书（和《老残游记》同年出版），首次把甲骨上的卜辞公布于众。然而，命运还是和他开了个大玩笑。此前，在1900年庚子国难中，为了赈济饥民，他曾向联军以低价购得太仓（京师官方谷仓）粟，"全活甚众"，按说做了一件功德无量的好事。不料，1908年，他却被以"擅散太仓粟"等罪名流放新疆迪化（今乌鲁木齐），住在一座寺庙的戏台底下，靠为人治病度日，于1909年8月凄凉去世。

• 罗振玉

罗振玉，同样是江苏人，还是刘鹗的儿

殷墟博物馆内的甲骨文碑林

女亲家。一个偶然的机会，罗振玉发现了刘鹗家中的甲骨文拓本，并意识到价值非凡。1908 年，一位常卖甲骨商人酒后失言，罗振玉获悉，甲骨多见于河南安阳城西北一个叫小屯的村庄，这与《史记·龟策列传》等记载的"闻古五帝三王发动举事，必先决于蓍龟"和关于"殷墟"等的记载，以及刘鹗的论断甲骨文是"殷人刀笔文字"相合。此后，罗振玉收购了大量甲骨片，并实地到甲骨发掘现场查看。作为"甲骨四堂"（罗振玉，号雪堂；王国维，晚号观堂；董作宾，字彦堂；郭沫若，号鼎堂）之一，他率先正确地判定了甲骨刻辞的性质及出土处之地、考释出大量的单字，并首创了对卜辞进行分类研究的方法。然而，

其渊博学识并没有帮助他与时俱进，清国破后，他投身日本傀儡溥仪"主政"的伪满洲国，担任伪监察院长及满日文化协会会长等职，于 1940 年 5 月 14 日卒于辽宁旅顺，可谓晚节不保，令人叹惋。

• 王国维

1917 年，王国维根据他对甲骨文的研究发表了《殷人辞中所见先公先王考》及《续考》，并根据甲骨文研究写出了《殷周制度论》，从而轰动了学术界。但至今今人颇感疑惑的是，1927 年 6 月 2 日，王国维自沉于颐和园昆明湖，终年 50 岁。

• 甲骨文的破坏

1. 由于药铺老板拒收上面有刻画痕迹的龙骨，小屯村的农民就用小刀将上面的痕迹刮掉，以6文钱一斤的价格，将挖出的龙骨卖给药铺。于是许许多多的商代史料被磨成粉，当作药吃进肚里，这就是所谓的"人吞商史"。

2. 甲骨文被发现后，金石学家、古董商人、外国人开始大量搜购。这些非科学的发掘，往往只取甲骨，而忽略甲骨埋藏的情况，使所出甲骨的价值大失。据统计，从1889年到1928年，私人挖掘出土的甲骨就达10万片以上。

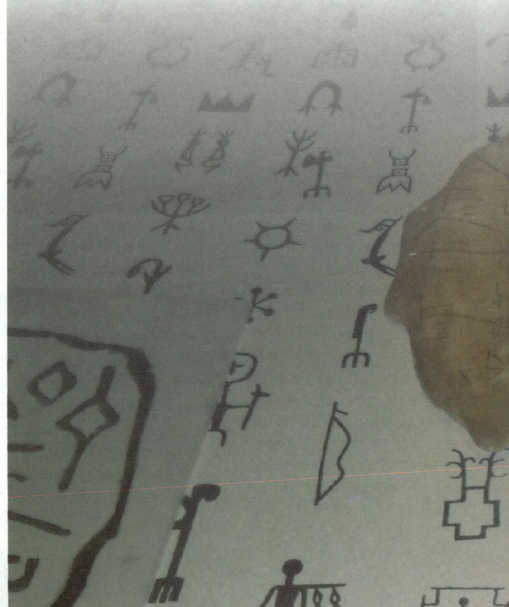

• 甲骨文的收藏

中国国家图书馆是中国乃至世界上收藏甲骨最多的单位，共藏有 35651 片。多系名家捐赠或从私人、市肆收购而来。其中以刘体智先生的收藏数量最多，装在 150 个盒内，共 28000 余片。国家图书馆所藏甲骨还曾著录于罗振玉《殷墟书契》、胡厚宣《战后京津新获甲骨集》、郭沫若《殷契粹编》、郭若愚《殷契拾掇》中。中国国家图书馆藏甲骨拓片也很丰富，除正在传拓中的《馆藏甲骨集拓》外，还有《善斋书契丛编甲骨拓本》18 册 4 函，共 28000 余张。在郭沫若主编的《甲骨文合集》中还收录有该馆所藏甲骨拓本十余种之多。

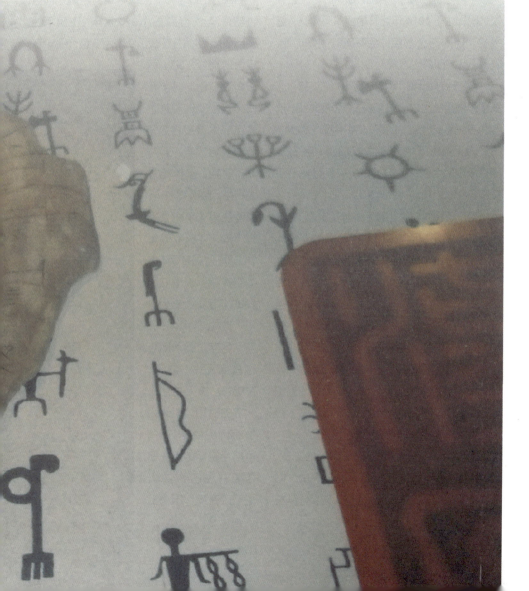

甲骨文藏品辨别真伪的方法

甲骨文的作伪并不高明，鉴定时须注意如下几点：

第一，看卜骨之新旧。甲骨埋入地下三千余年，有的学者称其为"亚化石"，自然有一种古朴感。作伪者常用大版新鲜牛骨来刻字（因龟甲较难刻契，且易碎裂），故凡遇大版牛骨刻辞须谨慎。如英国驻安阳长老会牧师明义士于1914年起开始搜集甲骨文，结果初次所购之大骨版，全系新鲜牛骨仿制，收藏不久，即腐烂发臭。

第二，若能目验实物，可看切口之新旧。即便是利用出土之甲骨新刻文字，因切口新，作伪者常用黏性泥土涂抹。将甲骨浸泡水中不久，即可用刷子刷去泥土，切口便一目了然。而真品则因土色深入刻痕内，一般是洗刷不掉的。

第三，看内容是否符合卜辞的文例文法。因作伪者并不懂甲骨文的内容，多数是胡乱抄袭真片上的文字，东拼西凑，甚至倒写、刻错亦浑然不觉。因此，在鉴别时要注意看刻辞是否连成文句。一条完整的卜辞，由前辞（又叫叙辞，写占卜日期，以干支表示，同时又写占卜者名，通常是商王的史官）、问辞（又叫命辞，是要问的事）、占辞（商王看了卜兆以后所下的是非结论）、验辞（占卜后结果的应验情况）这样四部分组成，不过许多卜辞都不完整，一般只具有其中的几部分。

第四，看刻辞格式。在龟甲上的刻辞，分两种式样：刻在左右边缘部分的，由外向里读，确切地说，刻于左甲边的文字，从左向右读，刻于右甲边的，则从右向左读。另一种是龟腹甲的中缝两边文字，皆由里向外刻，即在中缝左侧的文字，由左向左读，在右侧的，由右向右读。在牛骨上的刻辞，一般刻在骨的边缘，是由外向里读。几条卜辞刻在一起，一般由下而上排列。

第五，看字体。商代甲骨文跨越了自盘庚到帝辛12位商王计270余年，卜辞年代明确可以判断的是武丁到帝乙8位商王。在这段时期内，文字写法有过变化。有学者根据这些变化和其他考古成果将殷墟卜辞分为五期，第一期为武丁时期，字体相对大一些，第五期较小，有些在写法笔画上也有不同，可以从甲骨学工具书（如高明《古文字类编》中华书局1980年版）上查对。

第六，看贞人（卜人）名字。贞人即当时替商王占卜之人，为史官。贞人生活于一定的时期，贞人名是断代的依据之一。早期与晚期的贞人不可能共主占卜之事，故不应在同片甲骨上

出现。不少专著对此有研究，且列表对照，一目了然（如陈梦家《殷墟卜辞综述》）。

总的来说，甲骨文辨伪较其他文物的鉴定要简单些，只是遇到利用出土的无字卜骨仿刻全部真片或一片甲骨上真伪参半须倍加小心。前人在这项工作的研究上已取得了可喜的成就。一般西方人所著录的甲骨书中伪刻较多，如《库方二氏藏甲骨卜辞》《柏根氏旧藏甲骨文字》《金璋所藏甲骨卜辞》等，引用时要注意。如《金璋所藏甲骨卜辞》第668片左上部"癸丑王卜贞旬无祸王占曰吉"等三条卜辞系真迹，而下半部字虽大而清晰，于文义却不通，系伪刻。作伪者有的本是刻字出身，便被古董商相中，专干伪刻卜辞勾当。如董作宾《甲骨学五十年》中提到的蓝宝光，便能仿刻完整的真片，其工细程度几可乱真。幸而此人不懂文例文法，否则在甲骨上大肆"创作"，会给今日的辨伪工作平添许多麻烦。

除商代卜辞外，1954年起又发现了大量西周甲骨，其中有字的不少，时距殷墟卜辞的发现已半个世纪，作伪之风无存，当然也就谈不上辨伪了。

象形文字 >

约3400年前，古埃及人发明了象形文字。这种字写起来既慢又很难看懂。随着时光的流逝，最终连埃及人自己也忘记了如何释译。后来经过法国人的译解，才辩认这种文字。中国纳西族所采用的东巴文和水族的水书，是现存世上唯一仍在使用的象形文字系统。

象形文字是指纯粹利用图形当作文字使用，而这些文字又与所代表的东西，在形状上很相像。一般而言，象形文字是最早产生的文字。用文字的线条或笔画，把要表达物体的外形特征，具体地勾画出来。例如中国甲骨文的象形字"月"字像一弯月亮的形状，"龟"(特别是繁体的"龜")字像一只龟的侧面形状，"马"字就是一匹有马鬃、有四腿的马，"鱼"是一尾有鱼头、鱼身、鱼尾的游鱼，"艹"（草的本字）是两束草，"门"(繁体的"門"更像)字就是左右两扇门的形状。"酒"字去掉三点水就像一个酒瓶里面有酒所以酒去掉三点水也读jiu。而"日"字就像一个圆形，中间有一点，很像人们在直视太阳时，所看到的形态。

　　值得一说的是，中国最初的文字就属于象形文字，甲骨文和金文亦算是象形文字。汉字虽然还保留象形文字的特征，但经过数千年的演变，已跟原来的形象相去甚远，所以不属于象形文字，而属于表意文字。此外，玛雅文字的"头字体"和"几何体"亦是。

　　埃及的象形文字产生于公元前4000年左右。它同苏美尔文、古印度文以及中国的甲骨文一样，都是独立地从原始社会最简单的图画和花纹产生出来的，但这种文字最初仅仅是一种图画文字，后来才发展成象形文字——由表意、表音和部首三种符号组成。表意符号是用图画来表示一些事物的概念或定义。但是表意符号都不能表示字的发音，因此古埃及人又发明了表音符号。表音符号也

是一些图形，它共有24个子音，在这一基础上，又构成了大批的双子音和三子音。如口为单子音，发"Y"的音，燕子为双子音，发"Wr"音，甲虫为三子音，发"hpr"音等，但这些发音都表示不止一种意思，为了有所区分，古代埃及人又发明了部首符号。这种部首符号的作用主要是为了区分不同范畴的符号，类似于汉字中的部首偏旁。绝大多数的埃及文字都有部首符号。这种文字常被刻在庙墙、宗教纪念物和纸草上，主要使用者是僧侣和书吏。埃及象形文字对以后的字母文字产生了重要影响。

在古代埃及历史的不同阶段，埃及的象形文字随着社会生活的需要出现过多次变化。中王国时期出现过祭司体，后期埃及时出现过民书体，在罗马统治期间又出现了科普特文字（用改造过希腊字母书写的埃及文字）。由于种种历史原因，古代埃及文字没能发展成字母文字。但是，古代埃及文字却对腓尼基字母的形成有着重要的影响。在公元前1500—公元前1000年左右，地中海东岸勃起的腓尼基人与埃及人进行交易，这时饱学的腓尼基僧侣们把简单的象形文字改写成有秩序的字母，帮助其商贸往来。

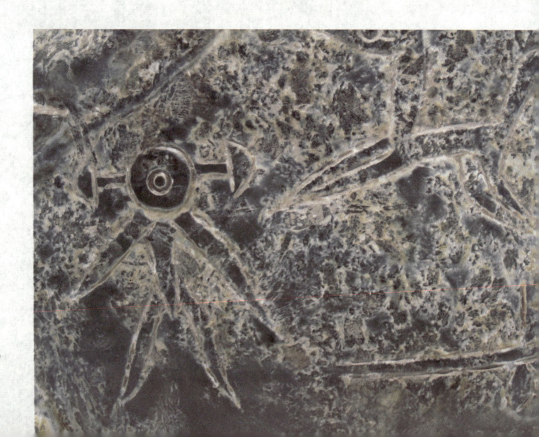

玛雅文字 >

玛雅文字是美洲玛雅民族在公元前后创造的象形文字, 盛行于5世纪中叶。

玛雅文字最早出现于公元前后, 但出土的第一块记载着日期的石碑是公元292年的产物, 发现于提卡尔。从此以后, 玛雅文字只流传于以贝登和提卡尔为中心的小范围地区。5世纪中叶, 玛雅文字才普及到整个玛雅地区, 当时的商业交易路线已经确立, 玛雅文字就是循着这条路线传播到各地, 是美洲唯一留下文字记录的民族。在公元初期, 他们创造了象形文字, 是世界上最早的5种文字之一。

玛雅文字非常奇妙, 它既有象形, 也有会意, 也有形声, 是一种兼有意形和意音功能的文字。是象形文字和声音的联合体, 玛雅雕刻文字既代表一个整体概念, 又有各自独特的发音。这类似于日语中的汉字与假名的关系, 如玛雅文中的"盾"(bakalu)既可以写成一个表意的象形单字, 也可以分成三个表音文字 "ba", "ka", "la"。玛雅象形文字的发展水平与中国的象形文字相当, 只是符号的组合远较汉字复杂, 块体近似圆形或椭圆。字符的线条随图形起伏变化, 圆润流畅。

玛雅文字的一个字符中大的部分叫作主字, 小的部分叫作接字, 字体有"几何体"和"头字体"两种, 另外还有将人、动物、神的图案相结合组成的"全身体", 主要用于历法。玛雅文字的读法为, 从上至下, 两行一组, 以"左→右→(下一段)左→右"的顺序读。玛雅文字艰深晦涩,

37

至今能译解的不足三分之一。 以统计学的方式来处理和分析，文字每个字都有四个音节。文字呈方块图形，类似于中国的印章。图形上一部分是意符，一部分是音符，属"意音文字"。

它的体系十分奔放：整个语法规则呈现出一种语言学意义上的布朗运动，无论是元辅音字母、时态变化，还是主谓句式结构都保持着鲜明的随机特性，语言基本元素在整个句子中疯狂地跳跃、摆动，直到让整个结构支离破碎，且语法规则按照太阳历而变动，太阳历一共有18个月，换言之，还要将上述语法的混乱程度再乘以18。

玛雅人所使用的800个象形文字,已有四分之一左右为语文学家解译出来。这些文字主要代表一周各天和月份的名称、数目字、方位、颜色以及神祇的名称。大多记载在石碑、木板、陶器和书籍上。书籍的纸张以植物纤维制造,先以石灰水浸泡,再置于阳光下晒干,因而纸上留下一层石灰。虽然现代还有200万人在说玛雅话,而且其文字中一部分象形和谐音字很像古埃及文字和日本文字,可能可以比较探讨出其中的异同来,但我们对整个玛雅文字的解译,依然力有未逮。

古埃及圣书字 ＞

　　古埃及圣书字是3400多年前古埃及人创始的文字。埃及圣书字有三种字体：碑铭体、僧侣体和大众体。

　　碑铭体起初是雅俗通用的。后来成为雕刻在金字塔和神庙石壁上，以及绘写在石器和陶器等器物上的庄严字体。古埃及人把文字叫作"神文"。希腊人把埃及文字的碑铭体称为"圣书字"，同时也是三种字体的总称。碑铭体的符号外形好像图画，实际大都早已失去象形功能。过去翻译者把"圣书字"译为"象形文字"，并且扩大含义作为同类型文字的统称。

　　碑铭体是装饰性的正体。僧侣体是实用性的草体。古埃及用毛笔和墨水在纸莎草上写字，工整的正体变成快写的草体。第一王朝时期，正草两体并用，不分僧俗。到公元前3世纪，草体主要用于宗教写经，因

此称为"僧侣体"。僧侣体好像"狂草"，外形跟碑铭体很不相同，但是内部结构完全一致。

大众体又称书信体或土俗体，它是僧侣体的简化。大众体大约在公元前660年前开始应用于下埃及，后来上下埃及全都通用。大众体的外形虽然简化了，可是内部结构没有改变。到多来美时期（公元前323—前

30年），大众体成为主要的字体。最晚的大众体遗物是425年的石刻。在这以后，埃及圣书字衰亡了。它留下丰富的文献，曾在古埃及历史上活跃了三千多年。

埃及圣书字由意符、音符和定符组成。在古埃及的古典时期，符号总数有700来个，后来不断增加，到公元前500年左右达到2000个以上。这些基本符号可以组成全部语词。埃及圣书字是一种语词——音节文字。

碑铭体中的意符有许多是明显的象形字。例如，圆圈中加一点表示"太阳"；持弓的人表示"军人"或"军队"；一张弓表示"长度单位"；鸟展两翅表示"飞"；眼睛下面三条线表示"哭"；两条腿表示"走"。意符可以单独表示词义，但是所表词义不是都能像上面所说的例子那样望文生义。写成僧侣体以后，完全失去了象形作用。

音符大都是从早期的意符转化而成。埃及圣书字的音符，只表辅音，附带不写出的元音。例如"神文"这个词是由辅音符号构成，阅读时候由读者加上应有的元音。音符有单音符、双音符和三音符。这些音符是后世辅音字母的最初萌芽。

定符是规定意义类别的记号，本身不读音，跟其他符号结合成词，有区别同音词的作用，类似形声字的部首。定符举例：长方形表示"天"，长方形下加一颗星表示"夜"，长方形下加几条曲线表示"下雨"。"日"、"月"、"山"、"水"等定符一看就知道它们表示的意义类别。表示君王名字的定符是一个椭圆形，加一条底座线（像中国的"神主"牌位）。椭圆形中间的君王名字是用纯表音的音符写成的，这样就提供了后世释读埃及圣书字的最初突破口。

埃及圣书字被人们遗忘了一千多年。1799年在埃及罗塞塔发现一块纪念碑，有碑铭体、大众体和希腊文三种文字对照。以这块石碑为线索，经过长期的研究，到19世纪20年代，终于对三种字体基本上释读成功。古埃及语和古埃及文化完全不同于今天埃及的阿拉伯语和阿拉伯文化。以金字塔为象征的灿烂的古埃及文化，由于圣书字的释读成功，重新在现代人的历史书上放出光芒。

圣书字是字母文字的"先祖"之一。三千多年前，地中海东岸（现叙利亚和巴勒斯坦一带）腓尼基商人开始借用圣书字和丁头字中的表音符号记录商品名称和买卖账目。商人们在使用中，不断加以改变和简化，终于形成了系统的字母符号，并随着宗教文化和金戈铁马向四面八方扩散。向东，形成阿拉伯字母系统和印度字母系统；向南，形成撒巴字母系统；向西，形成迦南—腓尼基、希腊和拉丁、斯南夫字母系统。

楔形文字 ➢

在公元前3000年左右，青铜时代的苏美尔人用泥板通过图画的形式记录账目。渐渐地这些符号演化为表意符号，至于那些无法描绘的东西则用任意指定

的办法来表达。而且苏美尔人还用它来表示声音，几个表意字合在一起就可以代表一个复杂的词或短语，这就使得许多符号都成为多余。楔形字原来是从上而下直行书写，后来改为从左而右横行书写，于是全部楔形符号转了90°，从直立变成横卧。由于右手执笔，从左而右横写，楔形笔画的粗的一头在左，细的一头（钉尾）在右。苏美尔楔形字有意符和音符。经过巴比伦人、亚述人、阿拉米人的使用和改造，成为一种半音节文字。在字母发展史上有所贡献。楔形符号共有500种左右，其中许多具有多重含义，其"准确含义"只能根据上下内容来确定，这就使得楔形文字体系比后来的字母文字体系更难以掌握。尽管如此，在两千年间，楔形文字一直是美索不达米亚唯一的文字体系。到了公元前500年左右，这种文字甚至成了西亚大部分地区通用的商业交往媒介。考古学家发现大批各种楔形文字泥版或铭刻，19世纪以来被陆续译解，从而形成一门研究古史的新学科——亚述学。

• 发现

1472 年，一个名叫巴布洛的意大利人在古波斯也就是今天的伊朗游历时，在设拉子附近一些古老寺庙残破不堪的墙壁上，见到了一种奇怪的、从未见过的字体。这些字体几乎都有呈三角形的尖头，在外形上很像钉子，也像打尖用的木楔，有的横卧着，有的则尖头朝上或者朝下，还有的斜放着，看上去像是一只尖利的指甲刻上去的。巴布洛非常诧异。这是文字吗？还是别的什么？他带着这种疑惑回到了意大利。但是，当时没有人对他在西亚的这个发现感兴趣，人们很快淡忘了这件事。欧洲人并不知道，这就是楔形文字。

一百多年后，又有一个意大利人造访了设拉子，他就是瓦莱。瓦莱比巴布洛要勤奋，他把这些废墟上的字体抄了下来。后来，他在今天伊拉克的古代遗址，又发现了刻在泥版上的这种字体，因此他断定这一定是古代西亚人的文字。瓦莱把他的发现带回了欧洲。他让欧洲人第一次知道了这样一种奇怪的文字。通过近两百年对美索不达米亚的考古发掘，以及语言学家对大量泥版文献成功的译读，人们终于知道楔形文字是已知的世界上最古老的文字。它是由古代苏美尔人发明，阿卡德人加以继承和改造的一种独特的文字体系。巴比伦和亚述人也先后继承了这份宝贵的文化遗产，并把它传播到西亚其他地方。

西方人最先看到的楔形文字，是伊朗高原的波斯人加以改造了的楔形文字，与苏美尔人、阿卡德人、巴比伦人以及亚述人使用的楔形文字有很大的不同。

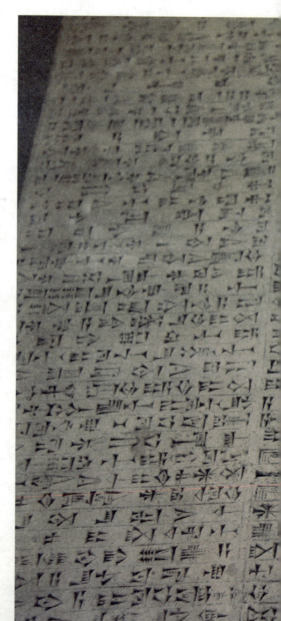

● 起源

幼发拉底河和底格里斯河都发源于亚洲西部的亚美尼亚高原。公元前 4000 年左右，这里就有了最早的居民——苏美尔人。他们创造了灿烂的苏美尔文明，最能反映这种文明特征的是他们的文字——楔形文字，公元前 3100 年之前苏美尔人就开始使用这种文字，它是至今为止被发现的最古老的文字之一，也是两河流域最主要的文化成就。最初，这种文字是图画文字，渐渐地，这种图画文字逐渐发展成苏

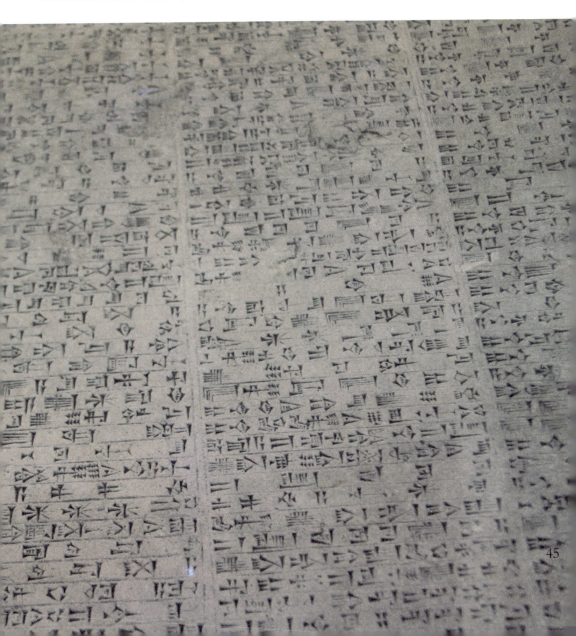

美尔语的表意文字，把一个或几个符号组合起来，表示一个新的含义。如用"口"表示动作"说"；用代表"眼"和"水"的符号来表示"哭"等等。随着文字的推广和普及，苏美尔人干脆用一个符号表示一个声音，如"箭"和"生命"在苏美尔语中是同一个词，因此就用同一个符号"箭"来表示。后来又加了一些限定性的部首符号，如人名前加一个"倒三角形"，表示是男人的名字。这样，这种文字体系就基本完备了。

苏美尔人用削成三角形尖头的芦苇秆或骨棒、木棒当笔，在潮湿的黏土制作的泥版上写字，字形自然形成楔形，所以这种文字被称为楔形文字。为了长久地保存泥版，需要把它晾干后再进行烧制。这种烧制的泥版文书不怕虫蛀，也不会腐烂，经得起火烧。美中不足的是，泥版很笨重，每块重约1千克，每看一块都要费力地搬来搬去。到现在，发掘出来的泥版，共有近100万块，最大的有2.7米长，1.95米宽，可谓是巨书！

楔形文字是苏美尔文明的独创，最能反映出苏美尔文明的特征。楔形文字对西亚许多民族语言文字的形成和发展产生了重要影响。西亚的巴比伦、亚述、赫梯、叙利亚等国都曾对楔形文字略加改造，来作为自己的书写工具。甚至腓尼基人创制出的字母也含有楔形文字的因素。楔形文字是世界上最早的文字，可是，由于它极为复杂，到公元1世纪，就完全消亡了。在古代的苏美尔，经常可以看到有人拿着芦秆或木棒做成的尖头呈三角形的笔，在泥版上写字。这种字从左到右横着写，每一个笔画总是由粗到细，像木楔一样。这就是苏美尔人留给后世西方文明的三大珍贵礼品之一的"楔形文字"。

楔形文字究竟是怎样起源的一直是人类文化史上的未解之谜。这个问题，争论了近两世纪。长期以来有下列两种观点盛行。

传统的考古学家和历史学家认为，楔

形文字起源于美索不达米亚特殊的渔猎生活方式。这是较为通行的看法，西方的各种百科全书大都持这一观点。

也有学者持不同见解，认为楔形文字的起源与古代苏美尔地区发达的社会组织有密切关系，苏联科学院编的《世界通史》就持这一观点。该书在论述楔形文字的发明时写道："两河流域各族人民文化的最大成就，就是文字的创造。公元前第4千纪中叶，苏美尔人就有了文字的胚胎。为了行政管理，它需要比较有条理的通讯，于是，这种文字的胚胎遂变成真正的文字。"上述两种观点长期并存，相持不下。然而，20世纪70年代起，考古天文学家却提出了一个爆炸性的观点，认为楔形文字起源于6000年前的一次天文事件——船帆座×号超新星的爆发，从而引起世界学术界对楔形文字起源的新一轮争论。

这一观点起源于一个苏美尔学专家的假设。苏美尔学专家乔治·米查诺斯基在对楔形文字的研究中发现了一个现象，即在较早的泥版文书记载中大量出现对同一颗星的记录，因此他提出了苏美尔文明的起源与这颗星有关的假设。1980年，美国国家航空和宇宙航行局的天文学家里查德·斯特塞经过精确计算，论证了这一假设的合理性。他认为，米查诺斯基所说的这颗文明之星，就是6000年前爆发的船帆座×号超新星，这是人类历史上能记忆的最大一次天文事件。这颗星在今天只能勉强分辨，但在6000年前，其光芒白天可以与太阳同辉，夜晚与月亮并悬，在两河的水面上拉开了一条长长的光带。可以想象，这种神秘的自然现象给早期人类带来的心理影响是巨大的。他们对这颗星的敬畏和崇拜演化成了神话和宗教，关于这颗星的图画就演变成了最初的文字。专家们果然发现，在楔形文字中最早和最多使用的两个字是"星"和"神"，而且这两个字惊人的相似。

• 发展

考古发现已经证实，在古代美索不达米亚，最初的文字外观形象并不像楔形，而只是一些平面图画。显然，被后世称为楔形文字的美索不达米亚古文字，正是起源于图画式象形文字。考古学家曾在乌鲁克古城发现了刻有这种象形符号的泥版文书，经考证时间是公元前3200年左右。这是世界上最早的文字记载。这种文字写法简单，表达直观。有时复杂的意思和抽象的概念就用几个符号结合在一起来表达，如把"眼"和"水"合起来就是"哭"，"鸟"和"卵"两个符号合起来就表示"生"等。这种文字是象形的。假使要表示复杂的意义，就用两个符号合在一起，例如"天"加"水"就是表示"下雨"；经过发展以后可以用一个符号代表多种意义，例如"足"又可表示"行走"、"站立"等，这就是表意符号。

随着社会的发展，人们交往的增多，要表达的事物愈来愈复杂、抽象，原始的图形越来越不适应人们的需要。于是，苏美尔人对文字进行了改造。一方面是简化图形，往往用部分来代表整体；另一方面增加了符号的意义，比如"足"的符号除表示"足"外，还能表示"站立"、"行走"的意思，"犁"的符号除表示"犁"外，还可以表示"耕田"和"耕田的人"的意思。这样，象形文字就发展成表意文字，即符号意义不直接由图形表达而是由图形引申

征，但已超越了以图画表示人及具体事物的阶段，发展到了用图画表示抽象事物，例如：一只碗表示食物，一个人头加一只碗则表示吃的意思。

又过了 500 年，成熟的文字全面取代了旧有文字，因为到那时最初的图画已变得非常系统化，以致人们不再把它们视为图画，而须视之为纯粹的符号；这些符号有许多已不再表示特定的词，而成为与其他同类符号结合在一起就可形成字词的音节符号。

公元前 2500 年左右，苏美尔地区的这种文字体系达到了充分发展的阶段。楔

山来。苏美尔文字是逐步产生的，正如我们现在所知，其间由借助图形表达某种观念到文字的出现经过了 1000 年的演化过程。公元前 3500 年左右，苏美尔人开始刻图像于石或镌印于黏土，以此作为拥有某物的标志：或者用一块岩石表示"铁石心肠"，或者用一棵树表示一幢房屋。

大约 500 年以后，由图形向文字的演化速度大大加快。苏美尔神庙的管理人员使用许多规范化的简图，把它们结合起来保存神庙的财产档案和商业交易档案。尽管这一时期的书写文字仍具有象形文字特

形符号共有 500 种左右，其中有许多具有多重含义，这就使得楔形文字体系比后来的字母文字体系要难以掌握得多。尽管如此，在两千年间楔形文字一直是美索不达米亚唯一的文字体系；到了公元前 500 年左右，这种文字甚至成了西亚大部分地区通用的商业交往媒介。

从苏美尔时代残存下来、在近代被发掘出来的楔形文字文献都是抄写在泥版上的。这些泥版中，大约 90% 是商业和行政记录，其余的 10% 则是对话、谚语、赞美诗和神话传说的残篇。苏美尔人的对话采用这样的形式：两个角色在辩论中站在对立的一方互相驳辩——夏天对冬天，斧头对犁子，或者农夫对牧人。由于双方均有许多可以立足的根据，因而辩论通常没有输赢。另一方面，残存至今的苏美尔谚语则提供了明确的观点。一则令人着迷的苏美尔处世格言这样讲："仆人待的地方，必有争吵相伴；理发师待的地方，必有毁谤传出。"

楔形文字流传到亚洲西部的许多地方，它为人类带来了文明的"火种"。公元前 2007 年，苏美尔人的最后一个王朝衰亡之后，巴比伦王国把这份遗产继承了下来，并有新的发展。与此同时，闪族的阿卡德人按照他们语言的发音，也采用楔形文字进行书写。直到希腊时代之前，凡是在美索不达米亚建立统治的每个民族都是这样做的。

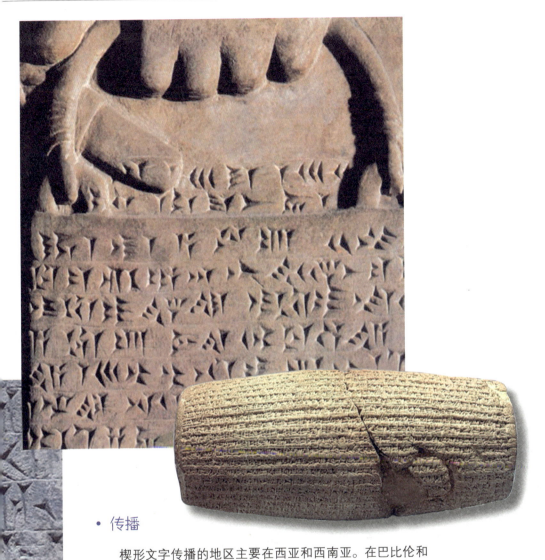

• 传播

　　楔形文字传播的地区主要在西亚和西南亚。在巴比伦和亚述人统治时期，楔形文字有更大的发展，词汇更加扩大和完备，书法也更加精致、优美。随着文化的传播，两河流域其他民族也采用了这种文字。公元前 1500 年左右，苏美尔人发明的楔形文字已成为当时国家交往通用的文字体系，连埃及和两河流域各国外交往来的书信或订立条约时也都使用楔形文字。后来，伊朗高原的波斯人由于商业的发展，对美索不达米亚的楔形文字进行了改进，把它逐渐变成了先进的字母文字。

51

东巴文字 〉

东巴文是一种原始的图画象形文字,主要为东巴教徒传授使用书写东巴经文,故称东巴文。纳西话叫"司究鲁究",意为"木迹石迹",见木画木,见石画石。包含两层意思:一是"留记在木头石头上的迹印";二是"木石之痕迹",可引申为见木画木,见石画石。因这种文字大多只由东巴掌握,用来撰写经典,所以又称它为"东巴特额",意即东巴文。

东巴文是居于西藏东部及云南省北部的少数民族纳西族所使用的文字,源于纳西族的宗教典籍兼百科全书的《东巴经》。由于这种文字由东巴(智者)所掌握,故称东巴文。东巴文有1400多个单字,词语丰富,能够表达细腻的情感,能记录复杂的事件,亦能写诗作文。东巴文被称为目前世界唯一存活着的象形文字,被誉为文字的"活化石"。2003年,东巴古籍被联合国教科文组织列入世界记忆名录,并进行数码记录。

2005年,丽江市东巴文化研究院开始进行东巴文国际标准化工作,系统整理东巴文的书写、语音和语义等。但在同年贵州省第二次乡村旅游论坛上,清华大学社会学系教授张小军提出"由于过度商业开发,东巴文正面临灭绝境地"。

东了.万恶利恩不见了.好的利恩他好像到了高陵高塞之上.他在草
要间的挂刀.劃開草襄在觀望.他向左邊望望.無駝運馬脚之
愈高大而谷愈幽深了.金黄色的山羊在杉樹下叫着.牠好像説
有可吃的一根草了.小黄狗也在杉樹下叫着.也好像説我
可得到一点東西呢.小黄雞也在杉樹下叫着.也好像在説
米呀.殭增利恩乃嘆道"没有人的宇宙裏連蒼蝇無所事事
也茂盛了.殭增利恩身披茅草編成的衣.張弓射箭以渡日
木中.可是没有一個伴侶.把自己叫喚谷中的回聲認為友聲.

东巴楔形文字手抄本〈创世纪〉

53

• 东巴文的历史和现状

东巴文的基本特点，正如清代余庆远在《维西见闻录》中所道："专象形，人则图人，物则图物，以为书契。"这些字形带有浓厚的图画味道，但是每个图形都已经有了它固定的概念、线条和笔法，有了固定的读音，已经成为表示语言里某个字、词的符号。显而易见，它是介乎于图画文字和表意文字之间的一种文字符号。关于东巴文的创制，难以确考。只有一些无从稽考的创制者的传说，一说是"腊侬本梭"（意为神的三兄弟）；一说是木氏祖先麦宗；一说是居住在中甸白地的圣人劳迪般独……实际上，东巴文的创制是随着人们生产生活的需要而产生、发展的。从最初刻画在木石上的单一的或少量的记号图像，发展到大量的、约定俗成的一批相对

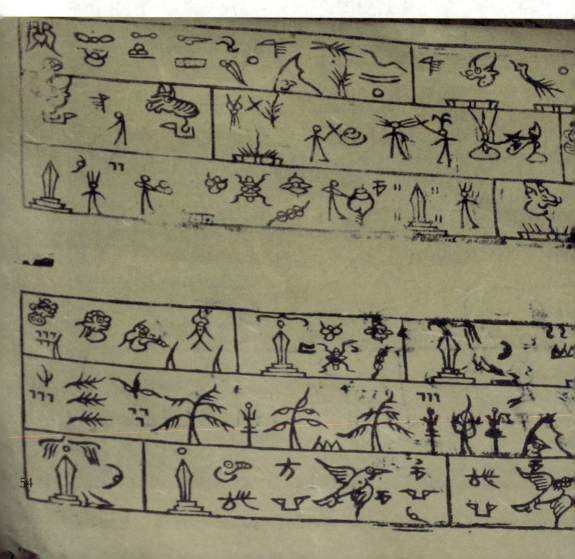

固定的图像符号，到能应用更多的图像符号记载复杂的事件，直到最后能书写记载长篇著作，经历了漫长的发展时期，这是多少人、多少代人的集体智慧和共同劳动的结晶。从象形文字脱化而来的还有一种标音文字，称"哥巴"文，东巴也运用这种文字撰写了 200 多册经书。这种文字笔画简单，一字一音，比东巴文更进了一步。

它多数由东巴文脱胎、缩减、演变而来，部分借鉴了汉字，但应用不广。

东巴书写、念诵的经书，纳西语称"东巴久"，即"东巴经"。这种经书用本地一种木本植物皮所制的厚棉纸（俗称东巴纸）订成册，书写工具为用锅烟灰拌胆汁制成的墨及自制的竹笔。东巴经分布于金沙江上游的纳西族西部方言区，包括丽江和中

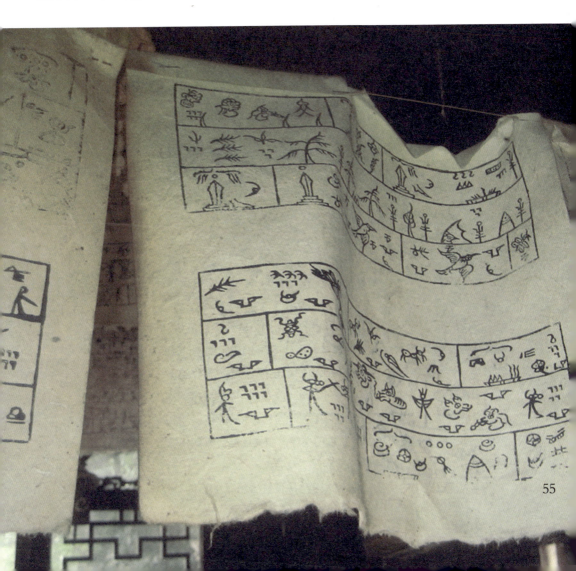

甸、维西的部分地区。在方圆数百里的地域内，曾经赓续编撰和
辗转传抄出两万多本东巴经，其中，互不雷同的书目约有 1500
多册卷，计 1000 余万字。有 10000 多本已于建国前流散到美、
英、法、日、德、加拿大、奥地利等国，仅美国国会图书馆和哈
佛大学博物馆就藏有 4000 余册。国内收藏较多的有丽江县图书
馆、云南省图书馆及博物馆、北京图书馆、中央民族大学图书馆、
南京图书馆、台湾博物院等。

　　作为东巴文化的物质载体，东巴经按仪式或道场的不同可分

56

为：祭天、祭署龙、延寿、解秽、祭村寨神、祭五谷六畜神、祭山神、祭祖先、祭家神、求嗣、祭猪神、放替身、解禳灾难、祭胜利神、祭水怪猛妖、开丧、祭死者、祭风、祭短鬼、退口舌是非、驱瘟神、占卜、道场规程、零杂经等 24 类。东巴经是纳西族古代社会的百科全书，集纳西古文化之大成，记载有天文、气象、时令、历法、地理、历史、风土、动物、植物、疾病、医药、金属、武器、农业、畜牧、狩猎、手工业、服饰、饮食起居、家庭形态、婚姻制度、宗教信仰，乃至绘画、音乐、舞蹈、杂剧等内容。

国内外学者认为，东巴经是研究纳西族古代的哲学思想、语言文字、社会历史、宗教民俗、文学艺术、伦理道德及中国西南藏彝走廊宗教文化流变、民族关系史、以及中华远古文化源流的珍贵资料。

• 东巴文语系与沿革

　　东巴文创始于唐代，至今已有1000多年的历史，大约有1400个单字，至今仍为东巴（祭司）、研究者和艺术家所使用，被当今学者们认为比巴比伦楔形文字、古埃及圣书文字、中美洲玛雅文字和中国甲骨文字显得更为原始古朴，是目前世界上唯一仍然活着的象形文字，被视为全人类的珍贵文化遗产。这种古文字对于研究比较文字学和人类文化史具有很高的学术价值，是人类社会文字起源和发展的"活化石"。

东巴文:吉祥如意

绵羊　　左　　前　　捆　　顺

随着纳西族社会的发展和民族文化的相互影响，在明末清初，从东巴象形文字演变发展而来的还有一种标音文字，称"哥巴文"。"哥巴"是弟子的意思，"哥巴文"的意思是东巴什罗后代弟子创造的文字，"哥巴文"是对东巴文的改造和发展。哥巴文虽有2400多个符号，但重复较多，常用的只有500多字，标音不标调，同音和近音代替很多，致使运用不广。纳西族创造了两种古文字，而且至今还使用着这两种古文字，这在世界文字发展史上的确是个奇迹。

• 东巴文的相关艺术研究

东巴文从 20 世纪 20 年代以来，引起国内外学术界的关注。法国学者巴克是最早研究东巴文化的外国学者，他在 1913 年出版的《么些研究》中，介绍了他在丽江搜集到的 370 个东巴象形文字。美国学者洛克编有《纳西语英语百科词典》两卷，也对收集研究东巴文字做了贡献。中国学者李霖灿编著的《么些象形文字字典》，方国瑜编撰、和志武参订的《纳西象形文字谱》等，代表着东巴文字研究领域的高水平。

字母文字 〉

腓尼基字母在公元前1000年出现，由原始迦南字母演化而来。腓尼基字母是腓尼基人用以书写他们的腓尼基语。腓尼基语是一种北闪族语言。现在的希伯来字母、阿拉伯字母、希腊字母、拉丁字母等，都可追溯至腓尼基字母。腓尼基字母像希伯来字母和阿拉伯字母一样，都是辅音字母，没有代表元音的字母或符号，字的读音须由上下文推断。

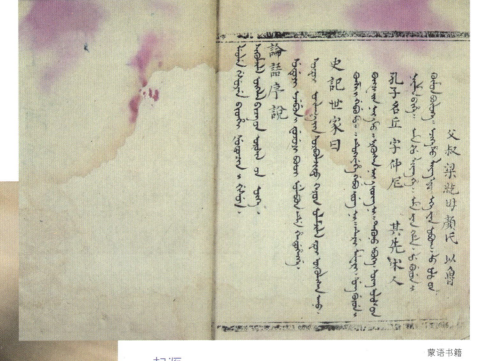

蒙语书籍

• 起源

　　大约在公元前 3000 年至 2000 年，在腓尼基产生一些小的奴隶制城邦，但从未形成统一的国家。在古代，腓尼基以工商业和航海业闻名于世。到公元前 1500 年至 1000 年前后，其活动范围已达古希腊，直到今天的塞浦路斯、西西里岛、撒丁岛、法国、西班牙和北部非洲，并建立了许多殖民地。公元前 800 年以后，亚述、新巴比伦等国相继侵入腓尼基。公元前 6 世纪，腓尼基终于被波斯帝国兼并。正因为腓尼基人主要从事商业和航行事业，经常坐船到各地去做买卖。在做买卖记账时，觉得当时流行的楔形文字太繁难，需要有一种简便的文字作为记载和交往的工具，他们在埃及字母的基础上，创造出用 22 个辅音字母表示的文字。现在欧洲各国的拼音字母差不多都来源于腓尼基字母。这是腓尼基人对人类文化的最伟大的贡献。腓尼基字母是世界字母文字的开端。在西方，它派生出古希腊字母，后者又发展为拉丁字母和斯拉夫字母。而希腊字母和拉丁字母是所有西方国家字母的基础。

63

在东方，它派生出阿拉美亚字母，由此又演化出印度、阿拉伯、希伯来、波斯等民族字母。中国的维吾尔、蒙古、满文字母也是由此派生演化而来。

据考证，腓尼基字母主要是依据古埃及的图画文字制定的。在古埃及，"A"是表示"牛头"的图画；"B"是表示"家"或"院子"的图画；"C"和"G"是表示"曲尺"的图画；"D"是表示"门扇"的图画；"E"是表示一个"举起双手叫喊的人"的图画；"F"、"V"、"Y"是表示"棍棒"或"支棒"的图画；"H"是表示"一节麻丝卷"的图画；"I"是表示"展开的手"的图画；"K"是表示"手掌"的图画；"M"是表示"水"的图画；"N"是表示"蛇"的图画；"O"是表示"眼睛"的图画；"P"是表示"嘴巴"的图画；"Q"是表示"绳圈"的图

画；"R"是表示"人头"的图画；"S"和"X"是表示"丘陵地"或"鱼"的图画；"T"是表示"竖十字型"的图画；"Z"是表示"撬"或"箭"的图画。公元前2世纪时，拉丁字母已包括了这23个字母。后来，为了雕刻和手写的方便，并为了使元音的"V"和辅音的"V"相区别，便把原来的"V"的下方改成圆形而定为元音"U"；又把两个"V"连起来变出了一个做辅音用的"W"，这个"W"的出现已是11世纪的事了。后来人们又把"I"稍稍变化而另创出一个辅音字母"J"。这样，原来的23个字母再加上"U"、"W"、"J"三个字母，就构成了26个字母的字母表了。中世纪时，拉丁字母基本定型，后世西方文字（当然也包括英文）都是由它演变而来。

· 使用

　　最早使用腓尼基字母的腓尼基城市是乌加里特城。乌加里特城大约建于公元前4000年左右。在公元前1400年时，由于遭到了一场地震被摧毁。乌加里特古城被地震摧毁之前，是一座名副其实的"国际性城市"。当时城里云集着来自五湖四海的各行各业的人，考古学家们在这里发现了数以千计的用楔形符号写的字母文字泥版。

　　从1930年开始，学者们就已经陆续读懂了用30个楔形符号写成的"乌加里特楔形字母文字"的泥版，其中还有不少乌加里特的诗篇。学者们还在这里发现了一本被认为是世界上第一本有字母文字表的《识字读本》。后来腓尼基南北通用的由22个辅音音符所组成的字母，就是从乌加里特的字母演进而来的。随后，古希腊人又在腓尼基字母的基础上创造了希腊字母。在希腊字母的基础上，又形成了罗马及其周围地区拉丁人的拉丁字母。现在欧洲各国的拼音字母差不多都是从希腊字母和拉丁字母演变而来的。因此可以说，腓尼基古城乌加里特的字母文字是欧洲国家字母文字的始祖。

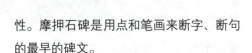

• 传播

腓尼基字母表传播到了巴勒斯坦、叙利亚和阿拉伯，这是确立的事实。腓尼基字母表最早的确切形式是在巴勒斯坦发现的，即基色农夫的记录表，它是一块石灰岩片，列出了一年中每个月的农活，是用腓尼基文字的古体书写的，与大卫处于同一时代。另一个也是最重要的实例，是著名的米沙石碑或者称摩押石碑，它是公元前 850 年，由摩押王米沙建造的纪念碑，以纪念摩押反抗暗利王朝（《列王纪上》第 16 章）君主统治的成功起义。这块石碑显示出了文字的巨大进步，因为石头上的雕刻文字与瓷片上风格潦草的临时性文字相比，必然显示出更强的清晰性和明确

性。摩押石碑是用点和笔画来断字、断句的最早的碑文。

撒马利亚出土的许多公元前 800 年刻有文字的碎瓷片的年代，不比摩押石碑晚多少。在多个发掘地点也发现了许多刻有文字的印章，其年代从公元前 1000 年到公元前 600 年不等。另一个来自巴勒斯坦的长碑文是西罗亚碑文，纪念了希西家统治下塞洛姆暗渠的竣工，在好几种《圣经》典籍上都有关于他的丰富描述。这条暗渠将处女之泉的泉水与塞洛姆水池相连。碑文比摩押石碑略草些，某些字母的形式发生了变化。其语言是真正的圣经时期的希伯来语。

一个世纪之后，斯塔基在发掘泰尔埃德杜威（即圣经时代的莱基什）时，出土了陶片。它们由公元前 586 年莱基什军事长官和一个受到强大的尼布甲尼撒军队威胁的不出名的城镇首领之间的约 20 封通信的信件组成。信件是用墨汁书写的，显

摩押石碑

示出了希伯来草书的显著发展。

早期巴勒斯坦文字的最新发现，是1948年某些贝都因人在死海附近的洞穴发现的一些卷轴。这些卷轴中有一本完整的《以赛亚书》和一些《利未记》的残片。由于这些卷轴的年代仍是个有争议的问题，因此很难评价它们与希伯来文字发展的关系。奥尔布赖特认为，《以赛亚书》卷轴是公元前2世纪的，其文字与同一洞穴中某些其他卷轴上的文字是人们熟悉的"方块"文字的早期形式，是印刷版希伯来《圣经》上文字的原型。然而《利未记》残片上的文字则是希伯来手卷的实例，是日常使用的更细致、更风格化形式的草书。

在叙利亚，腓尼基文字的发展在公元前900年之后开始沿着不同的路线前进。

早期阿拉米碑文显示出与同一时期巴勒斯坦的碑文中文字大量相同的特征，但是接下来的一个世纪中，开始发展出一种草书的形式。

在转而考察腓尼基字母表向西传播之前，应当提到一些关于南部闪米特文字的情况。这种文字源于与腓尼基语或北方闪米特字母表一样的原型，但表现出明显的不同。南方闪米特文字在历史上是重要的，因为它们中的一种即纳巴泰字母表，来自南方闪米特一个小的阿拉伯王国公元前1世纪与公元1世纪之间的碑文，而这种字母可以确认为阿拉伯字母表的祖先。当腓尼基文字和阿拉伯文字发展的总趋势是朝向倾斜的草书时，南方闪米特文字则倾向于垂直的碑体形式，某种程度上保有早期

《以赛亚书》卷轴

死海古卷，是目前最古老的希伯来文圣经抄本，被称为20世纪最伟大的考古发现。此古卷出土于1947年死海附近的库姆兰。抄写的文字以希伯来文为主。

阿拉伯库法字母的特征，尽管阿拉伯文字本身最终成为了所有闪米特文字中最草的一种。

在航运业的发展中，腓尼基人在地中海沿岸建立了许多殖民地。在塞浦路斯、马耳他、撒丁岛和马赛，出土了许多从公元前5—前1世纪用他们的字母表书写的碑文，同时在迦太基也发现了许多。但是腓尼基字母表的向西传播，最吸引我们的是传说中将"卡德摩斯式字母"传播到爱琴海和海腊斯地区，腓尼基字母表通过这一方式孕育了最早的希腊字母表，并成为所有西方字母表的祖先。

像所有字母文字以及所提到的图形文字和单音节文字一样，希腊文字在其历史的后期发展出草体。早期没有连字的形式后来被称为安色尔字体，在早期的《新约全书》古代手抄本中能够找到。约公元前3世纪，从安色尔字体发展出一种草书体。更晚些时候，为了抄写而从这种草书体发展出一种称为小写字母的特殊的书法。

由于海腊斯地区在其早期历史阶段被划分为许多小城邦，因此字母表可能具有多种形式。但是到公元前4世纪中期，24个字母的爱奥尼亚字母表已经标准化，是至此出现过的记录和保存人类言语最完善的工具。

《新约全书》

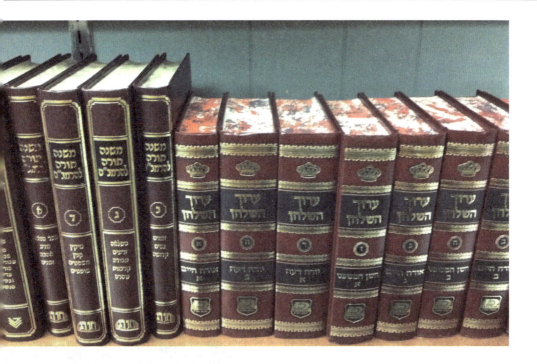

• 发展

古希伯来字母是用来书写早期希伯来语。它几近于腓尼基字母。撒马里亚人用的撒马利亚字母，是古希伯来字母的一个版本。

阿拉米字母（阿拉马字母）是用来书写阿拉米语。阿拉米语是中东地区的混合语，在该时被广泛使用。阿拉米语之后变成了数种字母，包括现代希伯来字母、叙利亚字母和纳巴泰字母。纳巴泰字母曲线很多，是阿拉伯字母的来源。

希腊字母被认为是直接来自腓尼基字母，或与原始迦南语从同一个来源而来。希腊语保留了所有符号，但其中有些字母用来表示希腊语的元音。希腊语就像不少印欧语系语言一样，不像闪族语言全是依靠辅音。

希腊字母是拉丁字母及西里尔字母的来源。而古日耳曼字母似是来自拉丁字母的早期形式。很多历史学者相信梵语及随后的印度语系字母，同是来自腓尼基字母。腓尼基字母可说是除了中文及相近语言外，现今众多书写体系的起源。古腓尼基人大约生活于现在的黎巴嫩地区，他们被公认为是字母书写的发明者。腓尼基字母在公元前 15 世纪就已经出现，现在的希伯来字母、阿拉伯字母、希腊字母、拉丁字母等，都可追溯至腓尼基字母。

中国文字的起源和演变

中国文字是历史上最古老的文字之一。它是当今世界上最古老的文字，也是当今世界上延续至今仍为全球华人广泛使用的文字。中国文字在当今世界上的各种文字系统中是绝无仅有的表意系统的文字，按年龄计算，恐怕有四五千岁了，因为远在公元前14世纪，它已经是相当发达的文字体系了。在地球上，只有几种文字比中国文字早，最出名的是在另外两个古老的文化策源地上出生的古埃及的圣书字和两河流域的楔形文字。古埃及文字和楔形文字，早在公元前3000年左右已经很发达了，它们记录了古埃及帝国、古代苏末王朝、巴比伦王朝、古波斯王朝的有声有色的历史故事。不过这两种古老的文字，早在公元前后已经

70

被埋在滚滚黄沙和断垣残壁之下了，是近代的考古学家的考古发掘才使它们重见天日的。它们都是躺在历史博物馆里的文字，是文字的化石了。

中国文字史是中国文字长达数千年的发展和演变的历史过程，依照发展的时间顺序，基本可以分为秦、汉以前，汉、唐时期文字，宋、元时期文字，明、清文字，中国近代文字和中国现代文字等。中国是个多民族的国家。在从上古至近代的悠久岁月中，各族人民共同创造了祖国优秀的文字文化。

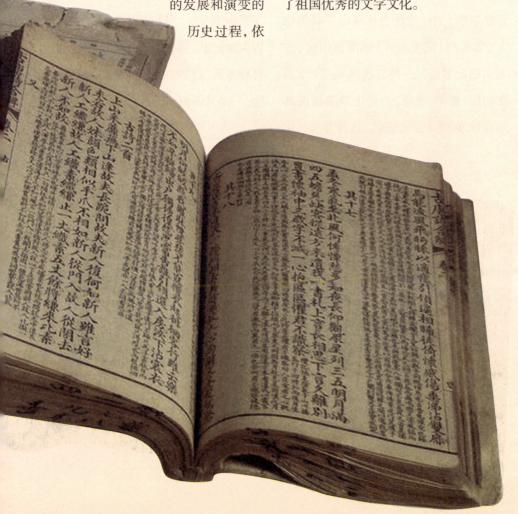

文字的起源 〉

据我国古籍记载，上古时代的人类祖先们在尚未发明文字之前，便已懂得利用结绳的方式来记事。所谓"大事做大结，小事结小结"就是用绳子做结帮助记忆事情大小。这种方法在世界其他地方（如非洲、南美洲等）也都使用过。古人实物记事的另一种方法是刻楔，就是在树皮、骨头、泥版、石块上刻道道或其他符号，以用来帮助记忆。这种方法又比结绳进了一步。结绳记事或刻楔为文字的产生创造了一定的社会条件，但它们只是用来帮助记忆，并不是文字。

人类文字起源有共同的规律，即文字脱胎于图画。当人类没有文字的时候，因为要记事、要表达、要交际，曾经想过种种方法，这些方法不外两类：一类是实物，一类是图画。

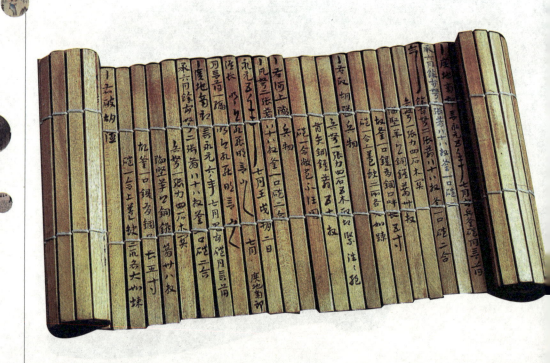

訓木

• 实物记事

起先，古人交往是用一些足以代表其意义的实物，譬如，送一支箭，表示宣战；送一根烟筒，表示讲和。后来人们在信中放子弹，把匕首插在仇家门上，表示恐吓；在交往中互递纸烟，表示友好；电影《鸡毛信》，在信中放一根鸡毛，表示紧急，也是这个意思。实物记事的方法有结绳、结珠、契刻等。结绳，是用一根极粗的横绳（主绳）或木棍，上面挂上长短不齐、颜色各异的细绳。不同的长度、不同的颜色代表不同的意思。如，红绳代表兵和战争，黄绳代表金子，白绳代表银子与和平等。细绳结网似的打起来，每一种打法都代表一种意思。打一个单结表示10，两个单结表示20，一个双结表示100，两个双结表示200等。有专门的结绳官，掌管绳子的结法和解法。世界历史上使用结绳最为发达、复杂的是南美洲的印加人。古代秘鲁人、琉球人、我国台湾的少数民族都采用过这种方法。现代秘鲁的乡间还存在一种结绳文字，琉球也有这样的历史遗存。结珠，就是将贝壳穿在绳子上，贝壳的不同颜色代表不同的意思。据说，汉族人用的算盘就是从结珠蜕变来的。契刻，是在一根木棒（或木条）上，刻上各种花纹或插进各种东西，它可以用来帮助记忆，也可以用来传达命令。我国古代使用的令箭，就含有契刻的性质。

• 图画记事

记事的图画虽然也画着人、鸟、太阳等等，但不是美术作品，而是记事的辅助工具。记事图画除了实物以外，也有一些带有假设性的图形，如：画三个太阳表示三天，画十条短线表示十个人等。北美的达科塔人曾经用图画记载过他们历年发生的大事。如：画一个人身上布满斑点，表示流行过天花；画一个人嘴边有三条短线，表示流行过百日咳；画两只相对的手，表示与外族和好。

记事图画也能表达比较复杂的意思。如：北美奥杰布华人曾于1849年给美国总统送一份请愿书，上面画了7个动物（七个部落的图腾），这些动物的眼睛和心都有线相互连接，线的一头指向前方，另一头连在后面的小湖上。这幅画表示他们同心同德：要求美国总统归还他们在苏必湖的渔业权。记事的实物和图画，虽然能够起到一些辅助交际和记忆的作用，但是不记录语言，不代表一定的词句，所以都还不是文字。古代汉字里也有一些非常逼真的象形字，可以推测，原始汉字也经历过"文字画"这个阶段。

文字的最早基础，是象形。象形文字是从图画记事演变而来的。记事图画经过简化、整理、充实，逐步有了语音，并能代表具体的语言成分，于是人们就创造了文字。如：（1）埃及金字塔的墙壁上绘着许多神秘的图案，那是古代埃及人的"图画文字"。后来人们在古埃及原有的"图画文字"里，挑选了21个字母，这便是欧洲各国字母的始祖。但在当时是象形的，A是一只公牛头；B是一所房屋；R是个人头；D是一只手；N是一条蛇等。（2）我国云南纳西族的东巴文，是纳西族祖先使用的文字，这是目前世界上唯一活着的象形文字。现在欧洲的文字早已从象形进化到拼音，大部分已经脱去了古老的外壳，但是中国的汉字至今还留存着这种外壳。

一个多世纪以前，中国河南安阳，有一项重大的考古发现，这就是殷墟和甲骨文的发现。从此，中国殷商史的研究进入到一个新时期。按中国古文字学家的意见，甲骨文是"目前所能看到的最早而又比较完备的文字"。它已经比较复杂，已发现多达 3000 个以上字汇，包括名词、代名词、动词、助动词、形容词等数大类，而且还能组成长达 170 多字的记叙文。所以学者们肯定甲骨文决不是中国文字的初创阶段，在它以前，一定已经有一段较长时间的发展过程了。

中国老一辈的历史学家和古文字学家郭沫若、于省吾曾认为中国文字的产生可以一直追溯到距今 6000 年前的半坡仰韶文化。郭沫若认为半坡陶钵口沿上刻的二三十种刻划符号"应该就是汉字的原始阶段"。于省吾也认为"这是文字起源阶段所产生的一些简单文字"。但根据一些学者的再研究，认为半坡符号以及在此以后的山东大汶口文化晚期陶尊上的刻划符号，"跟汉字的形成大概没有什么直接关系"，中国的"汉字形成过程"，是"在公元前第三千年的中期"。一种比较折中的意见，则认为中国文字"在人民中萌芽"为 6000 年前的原始社会晚期，"形成比较完整的文字体系"则在距今 4000 年前的夏朝中、后期。

75

从甲骨文发展到今天的汉字，已经有3000多年的历史，文字的发展经过了金文、大篆、小篆、隶书、草书、楷书、行书等几个阶段。这几种字体的通行时间有时并无明显的划分，而是并行或交叉的。

• 甲骨文

19世纪后期，在河南安阳，农民在耕地时偶尔发现了甲骨的碎片，他们把这些甲骨作为龙骨卖到药房。1899年，古文字学家刘鹗在别人所服的中药中，发现了这种上面刻有古文字的甲骨，便开始了收集研究工作。

甲骨文字是商朝后期写在或刻在龟甲、兽骨之上的文字，其内容多为"卜辞"，也有少数为"记事辞"。因为那时人们用被灼烫过的甲骨上的纹络来判断事物的吉凶。占卜完毕，就将占卜的时间、人名、所问事情、占卜结果，以及事后验证刻在上面，形成了具有明显特征的甲骨文。

甲骨上的文字，有刀刻的，也有朱书墨书的。刀刻的甲骨文字有的填满朱砂，其字体与今不同，因此难以辨认。现已发现的甲骨文字有四五千个。经过文字学家和考古学家们的分析、判断，能够辨认的已近两千。这些甲骨文字，多为从图画文字中演变而成的象形文字，许多字的笔画繁复，近似于图画，而且异体字较多。这说明中国的文字在殷商时期尚未统一。

另一方面，甲骨文中已有形声、假借的文字，从而说明文字的使用已经有了相当长久的历史。

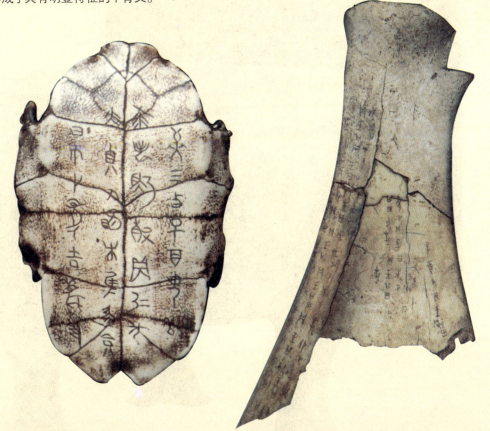

• 金文

  继甲骨文之后出现的汉字书体就是金文。由于这种文字多铸于各种青铜器上而得名，也称为钟鼎文或青铜器铭文。至今所见最早有铭文的青铜器，为商代中期以后之物，铭文都很简单，文字书体近似于甲骨文。最有代表性的是西周的青铜器铭文。金文还载于各种彝器、乐器、兵器、度量衡器、铸币、铜镜和金属印章之上。其中以彝器之上载文数量最多。各种器物上的文字，较之甲骨文长且完整，字数少者数十字，多者数百字。例如西周前期的大盂鼎就载字291个。

• 小篆

篆本是小篆、大篆的合称，因为习惯上把籀文称为大篆，故后人常把篆文专指小篆。小篆又称秦篆，是由大篆省略改变而来的一种字体，产生于战国后期的秦国，通行于秦代和西汉前期。战国时代，列国割据，各国文字没有统一，字体相当复杂。秦始皇统一全国后以秦国的文字篆体，施行书同文来统一天下的文字，废除六国文字中各种和秦国文字不同的形体，并将秦国固有的篆文形体进行省略删改，同时吸收民间文字中一些简体、俗字体，加以规范，就成一种新的字体——小篆。

中国文字发展到小篆阶段，逐渐定型（轮廓、笔画、结构定型），象形意味消弱，使文字更加符号化，减少了书写和人读方面的混淆和困难，这也是我国历史上第一次运用行政手段大规模地规范文字的产物。秦王朝使用经过整理的小篆统一全国文字，不但基本上消灭了各地文字异形的现象，也使古文字异体字众多的情况有了很大的改变，在中国文字发展史上有着重要的角色。除了小篆，包含甲骨文、金文，被统称为中国字的古文字；古文字学的发展，对于促进中国古代历史、哲学、经济、法律、文化、科学技术的研究，都具有相当重要的影响。

峰山刻石

• 大篆

到了西周后期，汉字发展演变为大篆。大篆的发展结果产生了两个特点：一是线条化，早期粗细不匀的线条变得均匀柔和了，它们随实物画出的线条十分简练生动；二是规范化，字形结构趋向整齐，逐渐离开了图画的原型，奠定了方块字的基础。大篆是对后来的小篆而言的。广义的大篆包括小篆及以前的甲骨文、金文和六国文字。这里的大篆指通行于春秋战国时期的秦国文字。由于周平王东迁洛阳，秦占据了西周的故地，同时也继承了西周的文字，即是继承金文发展而来的。因其地域性，有的难以识别。

大篆，也称籀（zhòu）文。因其着录于字书《史籀篇》而得名。《汉书·艺文志》："《史籀》十五篇，周室王太史籀作大篆。"《说文》中保留了籀文 225 个，是许慎依据所见到的《史籀》九篇辑入的，是我们今天研究大篆的主要资料。

大篆的真迹，一般认为是"石鼓文"。唐初在天兴县陈仓（今陕西宝鸡）南之畤原出土的径约 3 尺，上小下大，顶圆底平像馒头似的 10 个像鼓一样的石墩子。上面刻下的是秦献公十一年作的 10 首四言诗，是我国最早的刻石文字，经过失而复得，得而复失，原刻的 700 多字，现存 300 多字。这十个石墩现存故宫。因内容记载畋猎之事，命名为"猎碣或雍邑刻石"，唐

80

现存于故宫的石墩子

诗人韦应物认为石的形状像鼓，改名"石鼓文"，现作为大篆的代表。

石鼓文具有遒劲凝重的风格。字体结构整齐，笔画匀圆，并有横竖行笔，形体趋于方正。大篆在相当大的程度上保留西周后期文字的风格，只是略有改变，笔画更加工整匀称而已。笔势圆整。线条比金文均匀，开始线条化，无明显粗细不均的现象。形体结构比金文工整，开始摆脱象形的拘束，打下了方块汉字的基础。同一器物上几乎没有异体字。字体繁复，偏旁常有重叠，书写不便。

石鼓文拓本

• 隶书

小篆虽然是较整齐的长方形，结构由均匀圆转的线条组成，但是书写起来相当不方便，且字形繁复，由于种种缺点，故在民间很快地出现了一种新字体，将小篆的端庄工整、圆转弯曲的线条写成带方折的字体，这种字体据说当时在下层小官吏、工匠、奴隶中较为流行，所以称为隶书。到了汉代，隶书取代小篆成为主要字体，中国文字发展历史就脱离古文字阶段进入隶楷阶段。汉代以后，小篆成为主要用来刻印章、铭金文的古字体。隶书的形成使文字从随物体形状描书的字符，变成由一些平直笔画所组成的简单字符，这种改变大大地提高了书写的速度。中国文字由小篆转变为隶书，叫作隶变，隶变是中国文字发展上一个重要的转折点，结束了古文字的阶段，使中国文字进入更为定型的阶段，隶变之后的文字，接近现在所使用的文字，也比古文字更容易辨识了。

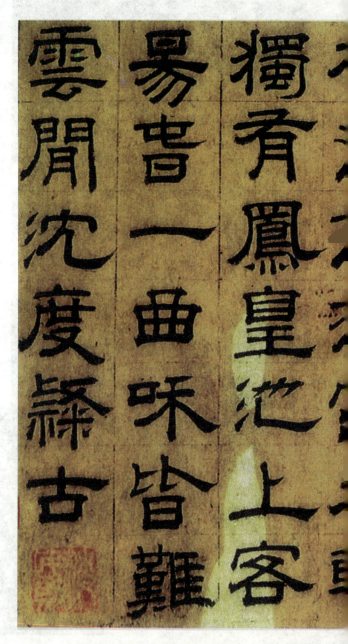

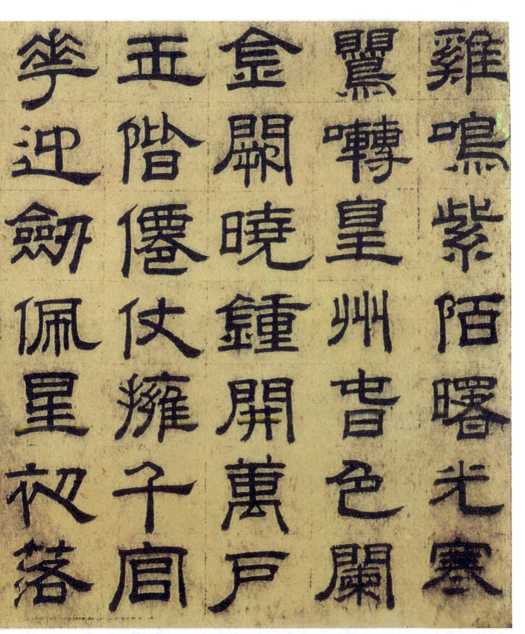

雞鳴紫陌曙光寒
鶯囀皇州春色闌
金闕曉鐘開萬户
玉階仙仗擁千官
萼迎劍佩星初落

隶书七律诗

• 草书

草书，就是写得草率、快速的字体。草书是辅助隶书的一种简便字体，主要用于起草文稿和通信，在草书形成的过程中，因为官府的佐、史经常需要起草文书，每个人信手写的不规范的潦草的字，隔久了甚至连写字的人也难以识别，难以用于交流，因而影响了草书的流传。进入东汉后，经过文人、书法家的加工，草书就有了比较规整、严格的形体，可以用在一些官方场合，称之为章草，带有一点隶书的味道，保留了隶书的拨挑和捺笔。草书由于字形太过于简单，彼此容易混淆，所以无法像隶书取代小篆那样，取代隶书成为主要的字体。在楷书产生后，草书在楷书的基础上进一步发展，不但笔画之间可以勾连，上下之间也可以连写，隶书笔画的某些特征也消失了，形成了另一种类型的草书，称之为今草。

• 行书

行书是介于楷书和草书之间的一种字体，不像楷书那么工整，也不像草书那么奔放；如果楷书像人的坐，草书像人的跑，那么行书就是人的行走，因为行书比楷书更简化，可以写得快，又不像草书潦草得让人看不懂，受到人们的喜爱。行书大概在魏晋时代就开始在民间流行，被称为

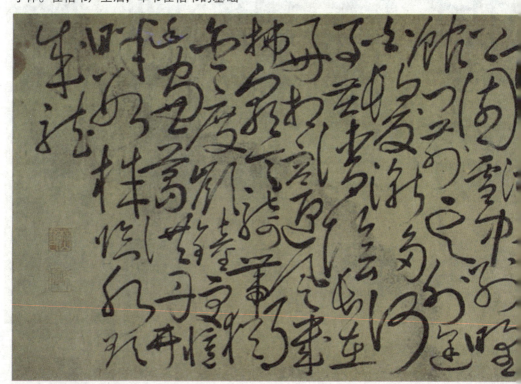

书圣的东晋大书法家王羲之，创作了大量的行书作品，长期以来备受人们的喜爱。行书没有严格的书写规则，写得规矩一点、接近楷书的，称为真行或行楷；写得放纵一点、草书味道比较浓厚的，称为行草，行书写起来比楷书快，又不像草书那样难以辨认，因此有很高的实用价值。

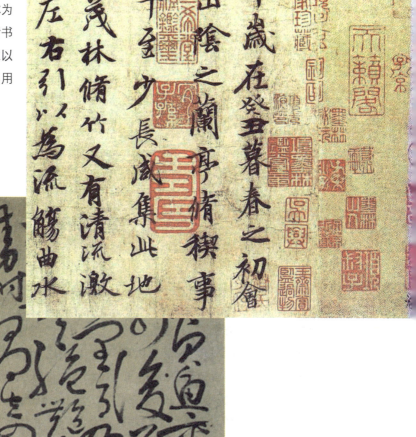

 楷书

　　楷书在字体结构方面，与隶书差不多，但楷书将隶书笔画的写法改变了，且由扁形的隶书改为基本上呈现方形的楷书，即所谓的方块字。楷书也称为正书、真书，说明了楷书是提供人学习和运用的正规书体。最早的楷书书法家是东汉末年的钟繇，其流传下来的作品中，还多少残留着隶书的笔意。楷书在魏晋南北朝时期又经历了不少变化，到了隋唐之后才基本定型，定型后的楷书，笔画、结构都相当精致、严谨。

　　中国文字进入楷书阶段后，字形还在继续简化，但字体就没有太大的变化了，作为我国四大发明术之一的印刷术，就是以楷书作为印书的主要字体，在宋朝刻印的书籍中，楷书被美术化，写得更加规矩而漂亮，称为宋体字，后来还有模仿宋体字而加以变化的，叫作仿宋体。我们今天阅读的书籍、报刊上所用的字体，大致上是这一种风格的楷书变体。

"楷书四圣"之颜筋柳骨

颜真卿，字清臣，京兆万年（今陕西西安）人。他出身名门，是著名学者颜师古的五世孙。颜真卿的书法渊自家学，但其得以变革的启迪者，乃吴郡张旭。由于他能兼取百家，自如取舍，留下大量书帖足可见其功力。史学家范文澜在著述中每次提及唐书，皆称"盛唐的颜真卿，才是唐朝新书体的创造者"。颜的楷书，反映出一种盛世风貌，气宇轩昂；而他的行草，使宋代米芾也心仪，原因是那些书帖往往是在极度悲愤的心境中走笔疾书的，读者可从本文中领略个中滋味。情融于艺，艺才生魂，历史上大凡优秀的艺术，均不违背此一准则。

颜真卿，一位书坛的巨灵。千百年来，唯颜鲁公能比肩书圣王羲之，雄视阔步于书坛。唐代书坛固然以颜真卿为冠冕，而宋代也以颜书为大纛。自兹以往，颜真卿的书魂形成了巨大的向力，而又积淀成中华民族书魂的重要部分。《新唐书·颜真卿传》赞曰："虽千五百岁，其英烈言言，如严霜烈日，可畏而仰哉！"英烈的日月人生，便是浇灌其书艺奇葩的不竭泉源。

颜真卿画像

柳公权，唐代宗大历十三年（公元778年）至唐懿宗咸通六年（公元865年，终年88岁。京兆华原（今陕西耀县）人。官至太子少师，故世称"柳少师"。他初学王羲之并精研欧阳询、颜真卿笔法，然后自成一家。所写楷书，体势劲媚，骨力遒健。较之颜体，柳字则稍清瘦，故有"颜筋柳骨"之称。穆宗尝问柳公权用笔之法，公权答："用笔在心，心正则笔正。"穆公为之改容，如其笔谏也。宋朱长文《墨池编》中说："公权正书及行楷，皆妙品之最，草不夫能。其法出于颜，而加以遒劲丰润，自名家。"柳公权遍阅近代书法，于是极力变右军法，学习颜真卿，又融会自己新意，使他的字避免了横细竖粗的态势，而取匀衡瘦硬，追魏碑斩钉截铁势，点画爽利挺秀，骨力遒劲，结体严紧，后世学书者不少以柳字为楷模。

颜真卿《自书告身帖》局部

87

中国现代文字 〉

汉字用来记录汉语已经有3000年以上的历史，一直沿用到今天，没有中断过。在如此长的历史时期里，汉字不仅为人们的现实生活服务，而且记录下极其丰富的文化资料；甚至跨越国界，被日本、朝鲜、越南等邻国借去记录非汉语语言。

20世纪50年代开始进行简化汉字的工作。1986年重新公布的《简化字总表》规定了2200多个简化汉字（包括用简化偏旁类推的字）。这项工作目前已告一段落，今后在一个时期内将保持稳定，不继续简化。因为不断简化会破坏文字的稳定性，而且简化一批字以后，原来的繁体字并不能废除。结果是汉字的总数有增无减，反而加重了学习和使用人的负担。

关于文字拼音化问题，长期以来一直有争论。但是，汉语拼音方案的推出，是新中国对语言文字系统发展的巨大贡献，将汉语的发音与文字建立了密切的联系，使语言文字一体化，促进了不同民族、不同方言的人与人的交流，中华民族的统一，至少也是建立在语言统一的物质基础之上。另外，客观上也实现了今天计算机的简单快速录入。从理论上说，由于汉字历史悠久，大量的文献都是用汉字记录的。一旦改弦易辙，势必在文献的广泛利用上造成一定困难，在社会心理和民族感情上也可能引起波动。所以，一场轰轰烈烈的汉字拉丁化思潮被化解为汉语拼音方案而不是汉字拼音化。毛泽东对吴玉章关于文字改革的几个重要意见

起到了决定性的作用。

新中国成立后，政府相关部门从1955年开始，结合当时的文字使用状况并结合一定时期的文字长远考虑，相继颁布了多种各类语言文字规范标准；至2005年，已颁布137部。

规范标准大多从汉语拼音及汉字简化的角度，对不适合于当时社会生活的一些文字进行相应的规范；但是，时至今日伴随着全球汉语热潮的兴起以及与台湾地区社会文化交往的迅速密切，要求恢复繁体字或者识繁用简的民间呼声日益升高，这显然已经不合时宜，因为文字仅仅是交流工具，作为传承文化的载体的文字，是学术领域的事情，而不能强加于普通教育领域。

> 中国有多少种民族文字？

中国境内有 56 个民族。汉、回、满 3 个民族通用汉文，蒙古、藏、维吾尔、哈萨克、柯尔克孜、朝鲜、彝、傣、拉祜、景颇、锡伯、俄罗斯 12 个民族各有自己的文字。这些文字多数都有较长的历史。其中蒙古族使用一种竖写的拼音文字。这种蒙古文通用于蒙古族地区。居住在新疆的蒙古族还使用一种以通用的蒙古文为基础适合方言特点的拼音文字。云南傣族在不同地区使用 4 种傣文，即傣仂文、傣绷文、傣哪文、金平傣文。因为蒙古族使用 2 种蒙古文，傣族使用 4 种傣文，回族和满族使用汉文，所以上述 15 个民族共使用 17 种文字。

此外，傈僳族中大部分信仰基督教的群众，使用一种用大写拉丁字母及其颠倒形式的字母拼写傈僳语的文字，还有维西县的一两个区使用当地农民创制

的傈僳音节文字"竹书"。云南省东北部一部分信仰基督教的群众使用一种把表示声、韵、调的符号拼成方块的苗文。云南佤族中信仰基督教的少数群众使用拉丁字母形成的佤文。壮族、白族和瑶族的群众中，还有一部分人使用在汉字影响下创制的方块壮字、方块白文和方块瑶字。

在新中国建立前，已使用文字的民族有 21 个，文字种类有 24 种。

除以上列举的文字以外，还有一些在历史上用过，后来停止使用的文字。这些文字是突厥文、回鹘文、察合台文、于阗文、八思巴字、西夏文、东马图画文字、水书、满文 17 种。

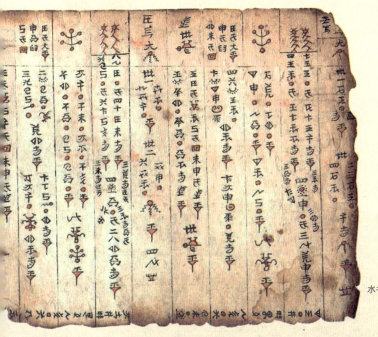

水书

回鹘文

91

● 文字的记载与印刷

印刷术是中国古代四大发明之一。它开始于隋朝的雕版印刷，经宋代的毕昇发展、完善，产生了活字印刷，并由蒙古人传至欧洲，所以后人称毕昇为印刷术的始祖。中国的印刷术是人类近代文明的先导，为知识的广泛传播、交流创造了条件。印刷术先后传到朝鲜、日本、中亚、西亚和欧洲。

92

古埃及文字

记载文字 〉

文字的产生，对人类文明可以说是一件划时代的大事，文字克服了语言在时间（停留短暂）和空间（不能远距离传播）上的局限，使人类在各种实践活动中创造和积累起来的各种知识、信息能传之久远，流传后世。使我们今天的人能谈到几千年前的作家、诗人、学者们所写的诗文和各种学术著作，使我们能够去认识那业已消逝了的各种社会历史情况。这就是人类在语言之后还要发明创造文字的根本原因，也是文字在人类文明的进程中所起的巨大的推动作用。

但是我们这里还要指出的是，文字与语言相较，虽然它有自己的独特优越性，但如果不解决文字的载体——书写材料问题，文字超越时间和空间的两大功能也得不到充分发挥。一些速朽的材料是不可能成为文字的载体的。文字的物质载体，虽然对人类文明的发展进步，不直接产生影响，然而它对充分发挥文字的功能和作用方面却有着重大的意义。

在最早的时候，在没有获得文字之前人类只能以刻木记事、结绳记事，用数千颗、数万颗豌豆来记数。这种记事记数的方法延续了几千年。

在古埃及，公元前3000年左右，就创造出了象形文字，以及一些用会意与形声的方法组合而成的古埃及文字。这些文字最初是刻在石块上。后来古埃及人因地制宜，采用尼罗河上丰富的芦苇状的"纸草"的茎撕成薄片而加胶制成纸草卷，作为书写载体。其中一部分保存到了今天，使我们得以识庐山真面目。这不能不说是古埃及人的伟大的创造。而生活在亚洲西部两河流域的苏美尔人，早在公元前3000多年就创造出了自己的文字，最初也是象形文字，后来又变形为楔形文字。可是在他们那里既没有古埃及那样的石头，又缺乏芦苇状的"纸草"作为书写材料，有的是取之不尽、用之不竭的泥土。苏美尔人就是用这些泥土捏成一

纸草画《美杜姆的鹅群》

块块大小不等的长方形的平版，小的可以拿在手里，大的就放在特制的架子上。泥版做成之后，用细绳在上面打格子，再用削成三角形尖头的芦苇秆、骨杆等刻写出楔形文字，最后将泥版晾干或烧制成形。这种用泥版作文字的书写材料，有优点也有缺点。优点是不受虫蛀，不怕霉烂，经得起火烧，缺点是容易破碎，很笨重。世界上最早的创世史诗《埃努玛·埃立什》和英雄史诗《吉尔迦美什》就是靠这种泥版保存下来，为后人所释读的。

以前印度的文字书写物质载体主要是贝叶、桦树皮以及少量的羊皮、棉布等，许多佛教经典是用贝叶刻写下来，俗称贝叶经，在人们心目中极为珍贵。我国傣族地区用贝叶书写佛教经书，在很大程度上是受了印度文化的影响。贝叶是一种生产于热带、亚热带地区的名叫贝多树的叶子，属棕榈类。在我国傣族生活的西双版纳的热带森林里有这种树生长。我们的古人发现和利用贝多树的叶子作为书写文字的材料，并不像上述传说的出于一种偶然的机缘，应该说是许多代人经过长时间的观察，在实践中不

《吉尔迦美什》

断筛选才确定的。所以说这一发现包含了古代人的智慧。贝多树作为热带、亚热带的一种木本植物，当它们在原始森林里自生自灭、没有被人发现、利用的时候，是无所谓价值的，在人们没有开采之前，它还不具备所谓的现实价值。只有当贝多树的各种自然属性以及它独特的外观被人们认识之后，并加以利用，它的潜在价值才变成现实的价值，可以被人观赏，具有观赏价值；或作为文字的书写材料被人们创造出来，进入文化领域，具有了文化价值。

战国至魏晋时代的书写材料是削制成的狭长竹片（也有木片），竹片称简，木片称札或牍，统称为简，现在一般说竹简。均用毛笔墨书。册的长度，如写诏书律令的长三尺（约67.5厘米），抄写经书的长二尺四寸（约56厘米），民间写书信的长一尺（约23厘米）。在湖南长沙、湖北荆州、山东临沂和西北地区如敦煌、武威等地都有过重要发现，其中居延出土过编辑成册的东汉文书。

竹简是我国历史上使用时间最长的书籍形式，是造纸术发明之前以及纸普及之前主要的书写工具，是我们的祖先经过反复的比较和艰难的选择之后，确

定的文化保存和传播的媒体，这在传播媒介史上是一次重要的革命。它第一次把文字从社会最上层的小圈子里解放出来，以浩大的声势，向更宽广的社会大步前进。所以，竹简对中国文化的传播起到了至关重要的作用，也正是它的出现，才得以形成百家争鸣的文化盛况，同时也使孔子、老子等名家名流的思想和文化能流传至今。

97

在古代的欧洲，人们还长时间地利用动物的皮比如羊皮来书写文字；而中国，在造纸术发明以前，甲骨、竹简和绢帛是古代用来供书写、记载的材料。但是甲骨、竹简都比较笨重，秦始皇一天光阅读奏章，就要整整一车；绢帛虽然轻便，但是成本非常昂贵，也不适于书写。到了汉代，由于西汉的经济、文化迅速发展，甲骨和竹简已经不能满足发展的需求了，从而促使了书写工具的改进——纸被发明出来了。

纸是用以书写、印刷、绘画或包装等的片状纤维制品。一般由经过制浆处理的植物纤维的水悬浮液，在网上交错组合，初步脱水，再经压缩、烘干而成。中国是世界上最早发明纸的国家。根据考古发现，西汉时期我国已经有了麻质纤维纸。质地粗糙，且数量少，成本高，不普及。

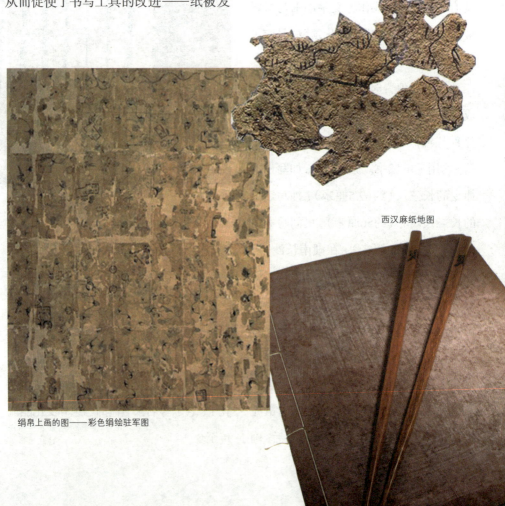

西汉麻纸地图

绢帛上画的图——彩色绢绘驻军图

造纸术的发明

公元 105 年，蔡伦在东汉京师洛阳总结前人经验，发明了造纸术，以树皮、麻头、破布、旧渔网等为原料造纸。大大提高了纸张的质量和生产效率，扩大了纸的原料来源，降低了纸的成本，为纸张取代竹帛开辟了前景，为文化的传播创造了有利的条件。另外，纸张便于携带，取材广泛，不拘泥，推动了中国、阿拉伯、欧洲乃至整个世界的文化发展。

蔡伦画像

99

文字雕刻 >

印刷术发明之前，文化的传播主要靠手抄的书籍。手抄费时、费事，又容易抄错、抄漏，既阻碍了文化的发展，又给文化传播带来不应有的损失。印章和石刻给印刷术提供了直接的经验性的启示，用纸在石碑上墨拓的方法，直接为雕版印刷指明了方向。文字的雕刻就是利用某种工具将文字刻在不同物体上的方法。就当时的技术条件而言，就是利用尖石、铜刀等工具将一些符号、文字如何刻在陶器、木头、青铜、甲骨、石头、泥土等物体上的技术。

• 文字雕刻的来由

说到这个问题，则要从古人记载事件开始。古人记事的方式是以"结绳记事"和"刻木记事"开始的，特别是"刻木记事"可以说是文字雕刻的前身。随着文字的演变，刻木的内容开始从简单的符号到文字符号，并且雕刻技艺也有了很大的改进。这一技术，起源于公元前4000年左右。

• 文字雕刻的方式

大约在公元前26世纪，我国的南北各方，几乎同时存在着带单色或彩色图案的制陶技术。这些陶器上的图案，有的是

刻上去的，有的是则是通过一种类似于印刷版的印模拍印上去的，这种拍印技术包含印模制作、拍印和获取印迹，为手工雕刻和转印复制的初期形式。与此同时，还有刻画在洞壁之上的符号和树皮布印花等与印刷术的发明有关的手工雕刻技术在应用中。无疑，这些都是萌芽中的手工雕刻技术。

• 文字雕刻的发展

手工雕刻技术的进一步发展，是殷商时代的龟甲、兽骨上的文字。甲骨文字的雕刻运笔有力，轻重疾缓有致，笔画粗细、转折圆润自然，这说明这个时期文字的雕刻技术很成熟，而且应用广泛。

文字雕刻技术的再次进步，则要属西周时代青铜器上的金文了。青铜器上的金文有的是直接刻上去的，有的是先制作字范（相当于印刷中的字模）后铸造的。刻制字范要求雕刻的深浅适宜，字为反字。对于单个的字范而言，则需要在拼排后才可进行铸造。这种方法是转印刷复制技术的进一步发展和实践，而且单字反体字的拼排，也给后来的雕版印刷和活字版印刷的发明以启示。

雕版印刷 >

雕版印刷的方法是这样的：把木材锯成一块块木板，把要印的字写在薄纸上，反贴在木板上，再根据每个字的笔画，用刀一笔一笔雕刻成阳文，使每个字的笔画突出在板上。木版雕好以后，就可以印书了。印书的时候，

先用一把刷子蘸了墨，在雕好的版上刷一下，接着将纸覆在版上，另外拿一把干净的刷子在纸背上轻轻刷一下，把纸拿下来，一页书就印好了。一页一页印好以后，装订成册，一本书也就成功了。这种印刷方法，是在木版上雕好字再印的，所以大家称它为"雕版印刷"。一个印工一天可印1500—2000张，一块印版可连印万次。刻版的过程有点像刻印章的过程，只不过刻的字多了。印的过程与印章相反。印章是印在上，纸在下。雕版印刷的过程，有点像拓印，但是雕版上的字是阳文反字，而一般碑石的字是阴文正字。此外，拓印的墨施在纸上，雕版印刷的墨施在版上。由此可见，雕版印刷既继承了印章、拓印、印染等的技术，又有创新之处。

雕版印刷的发明时间，历来是一个有争议的问题，经过反复讨论，大多数专家认为雕版印刷的起源时间在公元590—640年之间，也就是隋朝至唐初。唐初已有印刷品出土。1900年，在敦煌千佛洞里发现一本印刷精美的《金刚经》，末尾题有"咸同九年四月十五日（公元868年）"等字样，这是目前世界上最早的有明确日期记载的印刷品。雕版印刷的印品，可能开始只在民间流行，并有一个与手抄本并存的时期。唐穆宗长庆四年（公元824年），诗人元稹为白居易的《长庆集》作序中有"牛童马走之口无不道，至于缮写模勒，烨卖于市井"。"模勒"就是模刻，"烨卖"就是叫卖。这说明当时的上层知识分子白居易的诗的传播，除了手抄本之外，已有印本。

雕版印刷是谁发明的?

我国的雕版印刷是在什么时候发明的呢?对这个问题,历史学家还没有统一的意见,但多数人认为是在唐朝时候发明的。

在隋末唐初,由于大规模的农民大起义,推动了社会生产的发展,文化事业也跟着繁荣起来,客观上产生雕版印刷的迫切需要。

根据明朝时候邵经邦《弘简录》一书的记载:唐太宗的皇后长孙氏收集封建社会中妇女典型人物的故事。编写了一本叫《女则》的书。贞观十年(公元 636 年)长孙皇后死了,宫中有人把这本书送到唐太宗那里。唐太宗看到之后,下令用雕版印刷把它印出来。《女则》的印刷年代可能就是这一年,也可能稍后一些。这是我国文献资料中提到的最早的刻本。从这个资料来分析,可能当时民间已经开始用雕版印刷来印刷书籍了,所以唐太宗才想到把《女则》印出来。雕版印刷发明的年代,一定要比《女则》出版的年代更早。到了 9 世纪,我国用雕版印刷来印书已经相当普遍了。

晋朝初年,官府有书 29945 卷。南北朝时候,梁元帝在江陵有书籍 7 万多卷,隋朝嘉则殿中藏书有 37 万卷,这是我国古代国家图书馆最高的藏书纪录。除了官府藏书,私人藏书也越来越多。比如晋朝郭太,有书 5000 卷;张华搬家的时候,单是搬运书籍,就用了 30 辆车子。印刷术发明以前,只有官府和郭太、张华那样的富人才能有这么多的藏书,一般人要得到一两本书也很不容易,因为那时的书都是手抄本。要抄这么多

的手抄本,得花费多少人力呀!这种情况如果不改变,怎么能够满足社会上的需要呢?历史上常常有这样的情况:一项科学发明,只要社会上迫切需要它,同时又有产生它的物质条件,那么,它就会很快出现的。雕版印刷术的出现就是这样。在雕版印刷术出现以前,社会上已经广泛应用印章和拓碑。印章有阳文和阴文两种,阳文刻的字是凸出来的,阴文刻的字是凹进去的。如果使用阳文印章,印到纸上就是白底黑字,非常醒目。但是印章一般比较小,印出来的字数毕竟有限。刻碑一般用阴文,拓出来的是黑底白字,不够醒目。而且拓碑的过程比较复杂,用来印制书籍也不方便。但是,拓碑有一个很大的好处,那就是石碑面积比较大,一次可以拓印许多字。如果截长补短,把拓碑和印章的各自特点结合起来呢?情况当然就不一样了。我国劳动人民在拓碑和印章这两种方法的启发下,发明了雕版印刷术。

活字印刷 >

到了宋朝时候，印刷业更加发达起来，全国各地到处都刻书。北宋初年，成都印《大藏经》，刻板13万块；北宋政府的中央教育机构——国子监，印经史方面的书籍，刻版10多万块。从这两个数字，可以看出当时印刷业规模之大。宋朝雕版印刷的书籍，现在知道的就有700多种，而且字体整齐朴素，美观大方，后来一直为我国人民所珍视。宋朝的雕版印刷，一般多用木板刻字，但也有人用铜板雕刻。上海博物馆收藏有北宋"济南刘家功夫针铺"印刷广告所用的铜版，可见当时也掌握了雕刻铜版的技术。说起印制书籍，雕版印刷的确是一个伟大的创造。一种书，只雕一回木版，就可以印很多部，比用手写不知要快多少倍了。可是用这种方法，印一种书就得雕一回木版，费的人工仍旧很多，无法迅速、大量地印刷书籍，有些书字数很多，常常要雕好多年才能雕好，万一这部书印了一次不再重印，那么，雕得好好的木版就完全没用了。有什么办法改进呢？

到了11世纪中叶（宋仁宗庆历年间），我国一个叫毕昇的发明家，终于发明了一种更进步的印刷方法——活字印刷术，把我国的印刷技术大大提高了一步。毕昇用胶泥做成一个一个四方长柱体，一面刻上单字，再用火烧硬，这就是一个一个的活字。印书的时候，先预备好一块铁板，铁板上面放上松香和蜡之类的东西，铁板四周围着一个铁框，在铁框内密密地排满活字，满一铁框为一版，再用火在铁板底下烤，使松香和蜡等熔化。另外用一块平板在排好的活字上面压一压，把字压平，一块活字版就排好了。它同雕版一样，只要在字上涂墨，就可以印刷了。为了提高效率，他准备了两块铁板，组织两个人同时工作，一块板印刷，另一块板排字；等第一块板印完，第二块板已经准备好了。两块铁板互相交替着用，印得很快。毕昇把每个单字都刻好几个；常用字刻20多个，碰到没有预备的冷僻生字，就临时雕刻，用火一烧就成了，非常方便。印过以后，把铁板再放在火上烧热，使松香和蜡等熔化，把活字拆下来，下一次还能使用。这就是最早发明

的活字印刷术。这种胶泥活字，称为泥活字，毕昇发明的印书方法和今天的比起来，虽然很原始，但是活字印刷术的三个主要步骤——制造活字、排版和印刷，都已经具备。所以，毕昇在印刷方面的贡献是非常了不起的。北宋时期的著名科学家沈括在他所著的《梦溪笔谈》里，专门记载了毕昇发明的活字印刷术。

雕版印刷一版能印几百部甚至几千部书，对文化的传播起了很大的作用，但

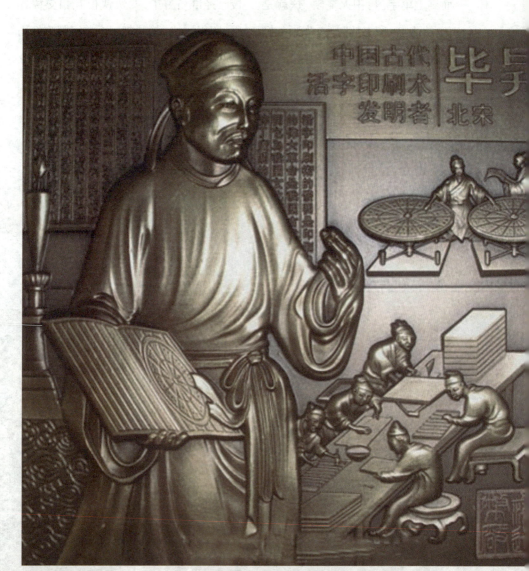

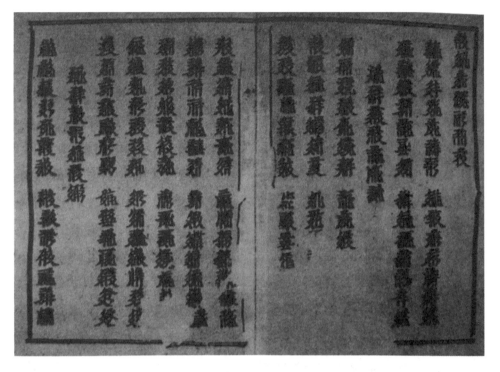

是刻版费时费工，大部头的书往往要花费几年的时间，存放版片又要占用很大的地方，而且常会因变形、虫蛀、腐蚀而损坏。印量少而不需要重印的书，版片就成了废物。此外雕版发现错别字，改起来很困难，常需整块版重新雕刻。活字制版正好避免了雕版的不足，只要事先准备好足够的单个活字，就可随时拼版，大大地加快了制版时间。活字版印完后，可以拆版，活字可重复使用，且活字比雕版占用的空间小，容易存储和保管。这样活字的优越性就表现出来了。

实际上，用活字印刷的这种思想，很早就有了，秦始皇统一全国度量衡器，陶量器上用木戳印四十字的诏书，考古学家认为，"这是中国活字排印的开始，不过他虽已发明，未能广泛应用"。古代的印章对活字印刷也有一定启示作用。关于活字印刷的记载首见于宋代著名科学家沈括的《梦溪笔谈》。毕昇发明活字印刷，提高了印刷的效率。但是，他的发明并未受到当时统治者和社会的重视，他死后，活字印刷术仍然没有得到推广。他创造的胶泥活字也没有保留下来。但是他发明的活字印刷技术，却流传下去了。

107

 与活字印刷有关的历史人物

1965 年在浙江温州白象塔内发现的刊本《佛说观无量寿佛经》经鉴定为北宋元符至崇宁（1100—1103 年）年活字本。这是毕昇活字印刷技术的最早历史见证。

宋人周必大（1129—1204 年）曾被封为济国公，老年时从沈括那里学来了毕昇的方法，印了自己的著作。他也做了一点小改动，把铁板改为铜板。铜板比铁板传热性好，易使粘药熔化，但铜板比铁板价格贵，这对一个公爵来说就算不了什么。

元代的姚枢（1201—1278）提倡活字印刷，他教子弟杨古用活字版印书，印成了朱熹的《小学》和《近思录》，以及吕祖谦的《东莱经史论说》等书。不过杨古造泥活字是用毕昇以后宋人改进的技术，并不是毕昇原有技术。

清康熙六年（1667 年）翟世琪出任饶州推官，集磁户，造青磁《易经》一部。所谓青磁（活字）据专家分析可能是以制青瓷的瓷土烧成的陶活字。

1718 年山东泰安人徐志定制成陶活字，印《周易说略》。他将泥土煅烧后制成活字用以排版印书，采用的仍然是毕昇用过的方法。

他费事 30 年，制泥活字 10 万多个。1844 年印成了《泥版试印初编》。此后，他又印了许多书。20 世纪 60—70 年代在泾县还发现了翟金生当年所制的泥活字数千

周必大画像

姚枢画像

枚。这些活字有大小五种型号。他以自己的实践证明了毕昇的发明是可行的，打破了有人对泥活字可行性的怀疑。1962 年于安徽徽州发现翟氏泥活字模。

与杨古同时代的王祯（1271—1368 年）创制了木活字。王祯是山东东平人，是一位农学家，做过几任县官，他留下一部总结古代农业生产经验的著作——《农书》。王祯关于木活字的刻字、修字、选字、排字、印刷等方法都附在这本书内。他在安徽旌德请工匠刻木活字 3 万多个，于元成宗大德二年（1298 年）试印了 6 万多字的《旌德县志》，不到一个月就印了一百部，可见效率之高。这是有记录的第一部木活字印本。王祯在印刷技术上的另一个贡献是发明了转轮排字盘。用轻质木材做成一个大轮盘，直径约 7 尺，轮轴高 3 尺，轮盘装在轮轴上可以自由转动。把木活字按古代韵书的分类法，分别放入盘内的一个个格子里。他做了两副这样的大轮盘，排字工人坐在两副轮盘之间，转动轮盘即可找字，这就是王祯所说的"以字就人，按韵取字"。这样既提高了排字效率，又减轻了排字工的体力劳动。是排字技术上的一个创举。元代木活字印本书虽已失传，但当时维吾尔文的木活字则有几百个流传下来。

明代木活字本较多，多采用宋元传统技术。明万历十四年（1586 年）的《唐诗类苑》《世庙识余录》嘉靖间（约 1515—1530 年）的《璧水群英待问会元》等都是木活字的印本。

印刷术的升华 〉

毕昇发明活字印刷以后，朝鲜人民又开始用泥活字等方法印书，后来又采用木活字印书。到了13世纪，他们首先发明用铜活字印书。我国使用铜活字印书比朝鲜稍晚。朝鲜人民还创造了铅活字、铁活字等。

然而，真正利用油印技术印刷文件的人是旅居英国的匈牙利人盖斯特泰纳。1881年左右，他用涂蜡的纤维纸作为模版，用铁笔把要印刷的资料刻于其上，铁笔刻写之处，纤维便出现微孔，然后将油墨刷于版上，用滚筒压紧推动，使油墨透过蜡版，沾附在下面的纸上。

发明家爱迪生在20世纪初也对孔版印刷进行过研究，他把铁笔与马达配合起来，通过控制马达来使铁笔在纸上刻画，制成油印版。虽然这种方法当时未得以广泛重视，未能投入实用，但其原理却启发了后人。

1888年，盖斯特泰纳用打字机代替铁笔，他将打字机上的色带卸下，使字直接打在蜡纸上，字迹在蜡纸上留下痕迹。卸下蜡纸，铺于纸上，涂墨压印，获得了成功。

10余年后，奥地利人克拉博发明了旋转式油印机，使得油印的速度大大地提高。

• 凹版印刷术

凹版印刷术大约产生于 15 世纪中叶，其原理是使印版的图文低于空白部分，版面结构类似于我国古代的拓石，只是着墨部位正好与拓石相反。由于用这种印刷方法印刷出来的成品表面墨迹微微凸起，易于辨别，难以模仿，所以多用于印制钞票、邮票等有价证券。

凹版印刷的印版可分为雕刻凹版、蚀刻凹版和照相凹版。

雕刻铜凹版印刷是意大利人腓纳求赖发明的，1477 年，曾有人用此方法印制过地图。到 19 世纪初叶，欧洲开始用此方法复制名画，印有价证券，使凹版印刷术逐渐地发展一种独具特色的印刷方法。

现代胶版印刷与照相凹版印刷：胶版的画线具有亲油性，可吸附油墨；湿滚筒供应水分的非画线部分则不附沾油墨。版上所沾附的油墨是用来印在胶质布卷筒上，再转印在纸面上的。此即为胶版印刷。在照相凹版印刷的铜上有经腐蚀而产生的凹洞可制作画线，由凹洞的容积来决定画线的浓淡。先将滚筒涂上油墨，再用刮刀刮过，只留下凹洞的油墨，当压过时凹洞中的油墨就印到纸上了。

• 凸版印刷术

凸版印刷就是印刷的图文部分高出空白部分，印刷时，图文部分涂墨，然后覆纸、加压，油墨就从印版上转印到纸面上。

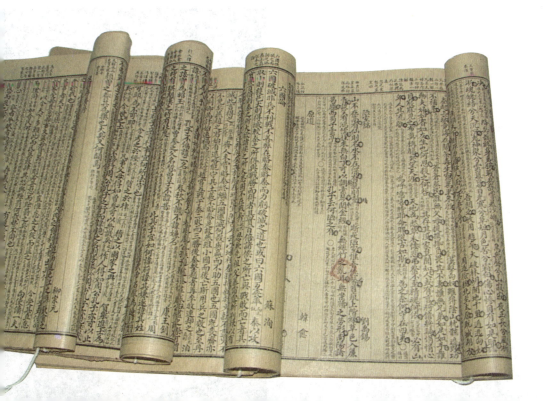

111

印刷术的对外传播 >

中国是印刷技术的发明地，很多国家的印刷技术或是由我国传入，或是由于受到中国的影响而发展起来的。日本是在中国之后最早发展印刷技术的国家，公元8世纪日本就用雕版印佛经。朝鲜的雕版印刷技术也是由中国传入的，高丽穆宗时（998—1009年）就开始印制经书。中国的雕版印刷技术经中亚传到波斯，大约14世纪由波斯传到埃及。波斯实际上成了中国印刷技术西传的中转站，14世纪末欧洲才出现用木版雕印的纸牌、学生用的拉丁文课本。我国的木活字技术大约14世纪传入朝鲜、日本。朝鲜人民在木活字的基础上创制了铜活字。

我国的活字印刷技术由新疆经波斯、埃及传入欧洲。1450年前后，德国美因兹的谷登堡受中国活字印刷的影响，用合金制成了拼音文字的活字，用来印刷书籍。根据他从葡萄酒压榨机改进的机器设计，古登堡开发了使用凸起的活字，从一开始就使用油性墨。

印刷技术传到欧洲，加速了欧洲社会发展的进程，它为文艺复兴的出现提供了条件。马克思把印刷术、火药、指南针的发明称为"是资产阶级发展的必要前提"。中国人发明的印刷技术为现代社会的建立提供了必要前提。

我国发明的活字版印刷术，在国外得到了进一步的发展和完善，成为现代印刷术的主流。对中国古代活字版印刷术，有突出改进和重大发展的是德国人谷登堡，他创造的铅合金活字版印刷术，被世界各国广泛应用，直到现在，仍为当代印刷方法之一。

谷登堡创建活字版印刷术大约在1440—1448年，谷登堡在活字材料的改进、脂肪性油墨的应用，以及印刷机的制

谷登堡画像

造方面，都取得了巨大的成功，从而奠定了现代印刷术的基础。

谷登堡用作活字的材料是铅、锡、锑合金，易于成形，制成的活字印刷性能好，像这样的配比成分，甚至到500多年后的今天，也没有太大的改变。在铸字的工艺上，谷登堡使用了铸字的字盒和字模，使活字的规格容易控制，也便于大量的生产。谷登堡还首创了脂肪性油墨，大大地提高了印刷质量，脂肪性油墨也一直沿用至今。谷登堡发明的印书机，虽然结构简单，但改进了印刷的操作，是后世

印刷机的蓝本。以上这些都是毕昇发明活字版印刷术所没有的，也是毕昇活字版印刷术没能广泛流传的技术原因。谷登堡的创造，使印刷术跃进了一大步。

谷登堡首创的活字印刷术，先从德国传到意大利，再传到法国，到1477年传至英国时，已经传遍欧洲了。一个世纪以后传到亚洲各国，1589年传到日本，翌年，传到中国。谷登堡的铸字、排字、印刷方法，以及他首创的螺旋式手板印刷机，在世界各国沿用了400余年。这一时期，印刷工业的规模都不大，印刷厂多为手工业性质。

1845年，德国生产了第一台快速印刷机，这以后才开始了印刷技术的机械化过程。

1860年，美国生产出第一批轮转机，以后德国相继生产了双色快速印刷机，印报纸用的轮转印刷机，到1900年，制造了6色轮转机。从1845年起，大约经过一个世纪，各工业发达国家都相继完成了印刷工业的机械化。

从20世纪50年代开始，印刷技术不断地采用电子技术、激光技术、信息科学以及高分子化学等新兴科学技术所取得的成果，进入了现代化的发展阶段。70年

113

代，感光树脂凸版、PS版的普及，使印刷迈入了向多色高速方向发展的途径。80年代，电子分色扫描机和整页拼版系统的应用，使彩色图像的复制达到了数据化、规范化，而汉字信息处理激光照排工艺的不断完善，使文字排版技术产生了根本性的变革。90年代，彩色桌面出版系统的推出，表明计算机全面进入印刷领域。总之，随着近代科学技术的飞跃发展，印刷技术也迅速地改变着面貌。

印刷与文字字体、字号、字符 〉

文字是用来记录和传达语言的书写符号。印刷上用的字符可以分为字种、字体、字号等内容。

现代印刷机

114

• 字体

字体在国内的印刷行业，有汉字、外文字、民族字等几种。汉字包括宋体、楷体、黑体等等。外文字又可以依字的粗细分为白体和黑体，或依外形分为正体、斜体、花体等等。民族字是指一些少数民族所使用的文字，如蒙古文、藏文、维吾尔文、朝鲜文等。

宋体：宋体字是印刷行业应用得最为广泛的一种字体，根据字的外形不同，又分为书宋和报宋。宋体是起源于宋代雕版印刷时通行的一种印刷字体。宋体字的字形方正，笔画横平竖直，横细竖粗，棱角分明，结构严谨，整齐均匀，有极强的笔画规律性，从而使人在阅读时有一种舒适醒目的感觉。在现代印刷中主要用于书刊或报纸的正文部分。

楷体：楷体又称活体，是一种模仿手写习惯的一种字体，笔画挺秀均匀，字形端正，广泛地用于学生课本、通俗读物、批注等。

黑体：黑体字又称方体线体，是一种字面呈正方形的粗壮字体，字形端庄，笔画横平竖直，笔迹一样粗细，结构醒目严密。黑体适用于标题或需要引起注意的醒目按语或批注，因为字体过于粗壮，所以不适用于排印正文部分。

仿宋体：仿宋体是一种采用宋体结构、楷书笔画的一种较为清秀挺拔的字体，笔画横竖粗细均匀，常用于排印副标题、诗词短文、批注、引文等，在一些读物中也用来排印正文部分。

美术体：美术体是指一些非正常的特殊的印刷用字体，一般是为了美化版面而采用。美术体的笔画和结构一般都进行了一些形象化，常用于书刊封面或版面上的标题部分，应用适当，可以有效地增强印刷品的艺术品位。这类字体的种类非常广泛，如汉鼎、文鼎等字库中的字体。

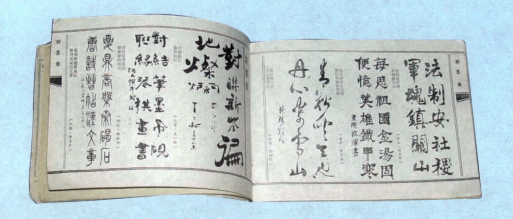

• 字号

字号是区分文字的大小的一种衡量标准，国际上通用的是点制，在国内则是以号制为主，点制为辅。号制是采用互不成倍数的几种活字为标准的，根据加倍或减半的换算关系而自成系统，可以分为四号字系统、五号字系统、六号字系统等。字号的标称数越小，字形越大，如四号字比五号字要大，五号字又要比六号字大等。

点制又称为磅制（P），是通过计算字的外形的"点"值为衡量标准。根据印刷行业标准的规定，字号的每一个点值的大小等于 0.35 毫米，误差不得超过 0.005 毫米，如五号字换成点制就是等于 10.5 点，也就是 3.675 毫米。外文字全部都以点来计算，每点的大小约等于 1/72 英寸，即等于 0.35146 毫米。

字号的大小除了号制和点制外，在传统照排文字时的大小，则以毫米为计算单位，称为"级（J 或 K）"。每一级等于 0.25毫米，1 毫米等于 4 级。照排文字能排出的大小一般由 7 级到 62 级，也有从 7 级到 100 级的。在计算机照排系统中，有点制也有号制存在。在印刷排版时，如遇到以号数为标注的字符时，必须将号数的数值换算成级数，才能够掌握字符的正确大小。

号数与级数的换算关系是：

1J = 1K =0.25mm = 0.714 点（P）

1 点（P）=0.35mm=1.4 级（J 或 K）

• 版面设计与排版规格

排版时应该根据印刷版面要求进行版面设计。比如一例书册的印制，制作时需要注意开本的大小，排版的形式（横排或竖排），正文的字体字号，每页的行数及每行的字数，字与字及行与行之间的空隙，页面的栏数及每栏的字数，栏与栏之间的间距，页码及页码的摆放位置，页眉页脚的位置及大小等。

在进行文字排版时，还要注意一些禁排规定，如在每段的开头要空上两个字位，在行首不能排句号、逗号、顿号、分号、冒号、问号、感叹号以及下引号、下括号、下书名号等标点符号，在行末不能排上上引号、上括号、上书名号以及中文中的序号如①②③等，数字中的分数、年份、化学分子式、数字前的正负号、温度标识符以及单音节的外文单词等，都不应该分开排在上下两行。

文字的故事

传递情感的文字 〉

　　韩愈在月夜里听见贾岛吟诗，有"鸟宿池边树，僧推月下门"两句，劝他把"推"字改成"敲"字，这段文字因缘传为千古美谈，现如今要把咬文嚼字的意思说得好听一点，都说"推敲"。今人也都赞赏"敲"字比"推"字用得好。其实这不仅是文字上的分别，同时也是意境上的分别。"推"固然显得鲁莽一点，但是它表示孤僧不说归寺，门原来是他自己掩的，于今他"推"。他须自掩自推，足见寺里只有他孤零零的一个和尚，在这冷寂的场合，他有兴致出来步月，兴尽而返，独往独来，自在无碍，他也自有一副胸襟气度。"敲"就显得他拘礼些，也就显得

寺里有人应门。他仿佛是乘月夜访友，他自己不甘寂寞，那寺里假如不是热闹场合，至少也有一些温暖的人情。比较起来，"敲"的空气没有"推"的那么冷寂。就上句"鸟宿池边树"看来，推"似乎比"敲"要调和些。"推"可以无声，"敲"就不免剥啄有声，惊起了宿鸟，打破了岑寂，也似乎平添了搅扰。韩愈的修改是否真如古今所称赏的那么妥当。究竟哪一种意境是贾岛当时在心里玩索而要表现的，只有他自己知道。如果他想到"推"而下"敲"字，或是想到"敲"而下"推"字，我认为那是不可能的事。所以问题不在"推"字和"敲"字哪一个比较恰当，

而在哪一种境界是他当时所要说的而且与全诗调和的。在文字上推敲，骨子里实在是在思想感情上"推敲"。

无论是阅读或是写作，用字的难处在意义的确定与控制。字有直指的意义，有联想的意义。比如说"烟"，它的直指意义，凡见过燃烧体冒烟的人都会明白，只是它的联想的意义迷离不易捉摸，它可联想到燃烧弹、鸦片烟榻、庙里焚香、"一川烟草""杨柳万条烟""烟光凝而暮山紫""蓝田日暖玉生烟"……种种境界。直指的意义载在字典，有如月轮，明显而确实；联想的意义是文字在历史过程上所积累的种种关系，有如轮外圆晕，晕外霞光，其浓淡大小随人随时随地而各不相同，变化莫测。科学的文字愈限于直指的意义就愈精确，文学的文字有时却必须顾到联想的意义，尤其是在诗方面。直指的意义易用，联想的意义却难用。因为前者是固定的，后者是游离的；前者偏于类型，后者偏于个性。既是游离的，个别的，它就不容易控制，而且它可以使意蕴丰富，也可以使意思含糊甚至于支离。比如说苏东坡的《惠山烹小龙团》诗里三、四两句"独携天上小团月，来试人间第二泉"，"天上小团月"是由"小龙团"茶联想起来的，如果你不知道这个关联，原文就简直不通；如果你不了解明月照着泉水和清茶泡在泉水里那一点共同的清沁肺腑的意味，也就失去原文的妙处。这两句诗的妙处就在不即不离、若隐若现之中。它比用"惠山泉水泡小龙团茶"一句话来得较丰富，也来得较含混蕴藉。难处就在于含混中显得丰富。由"独携小龙团，来试惠山泉"变成"独携天上小团月，来试人间第二泉"，这是点石成金。文学之所以为文学，就在这一点生发上面。

119

文字侦探

有性别的文字：中华女书 〉

中国古代有个地方，女人有自己专门的文字，即使当地男人也看不懂。几十年前，这种文字被发现，称作中华女书，是世界上独一无二的一种独特的女性文字符号体系。

作为世界上发现的唯一的女性文字，它起源于中国南部湖南省的江永县，所以又名江永女书。以前在中国湖南省江永县及其毗邻的道县、江华瑶族自治县的大瑶山和广西部分地区的妇女之间流行、传承的神秘文字。

"女书"当地人叫作"长脚蚊（长脚文）"，是汉语方言的音节文字。

女书具有特殊的社会功能。女书作品一般为七言诗体唱本。书写在精制布面手写本（婚嫁礼物）、扇面、布帕、纸片上，分别叫作"三朝书"、"歌扇"、"帕书"、"纸文"。有的绣在帕子上，叫"绣字"。这里妇女有唱歌堂的习惯，常常聚在一起，一边做女红，一边唱读、传授女书。妇女们唱习女书的活动被称作"读纸""读扇""读帕"，并形成一种别具特色的女书文化。

女书这种文字，很像汉字经过撇来撇去画成，也有专家认为女书是早期的象形文字。大部分人能看出来，很多女书的文字与汉字很像，只是经过了女性化的弧形处理。

女书是女传女，靠师傅带徒弟的方式口口相传，每个文字代表了好几种意思，需要上下文联系才能看懂。为了保护女书，专门有女性学习女书，以便继承。

女书作品

女书是当地女人间为了能说些男人听不懂的语言而逐渐形成的，圈了不大，因此能流传下来的文物不多，有比较大影响力的更不多。

女书的使用者主要是汉族妇女，也有当地一些放弃瑶语只用汉语的平地瑶妇女使用。女书靠母亲传给女儿，老妪传给少女的自然方式，一代代传下来。"女书"是人类历史上一个独特而神奇的文化现象，也是中国语言生活中的一个奇特现象。

女书脱胎于方块汉字，是方块汉字的变异。经过研究，女书基本单字共有1700多个，其中借源于汉字而造的占80%，暂不明来历的自制字仅占20%。女书字的外观形体呈长菱形的"多"字式体势，右上高左下低。斜体修长，秀丽清瘦。乍看上去，好似甲骨文，又有许多眼熟的汉字痕迹。

关于女书所记录的语言，近几年经过语言专家的调查研究确定，它既不是湘语、西南官话，也不是瑶语；而是一种流行在江永一带的汉语土话。与汉字是表意文字不同，女书则是一种单音节音符字的表音文字。

女书具有文字学、语言学、社会学、民族学、人类学、历史学等多方面的学术价值，因而被国内外学者叹为"一个惊人的发现"、"中国文字史上的奇迹"。

关于女书的起源，学者众说纷纭，民间传说也不是一种，在江永流传较为广泛的有四种：

第一种：

相传女书是瑶姬借用天书改编过来的。瑶姬是谁？瑶姬是王母娘娘的幺女，名叫幺姬。后因下凡游览人间，迷恋上江圩普美村的秀丽风光，便偷偷地住了下来。因王母娘娘的仙境叫瑶池，因此她告诉凡人：她的名字叫瑶姬。

瑶姬不仅花容月貌，而且聪明伶俐，深得王母宠爱。平时瑶姬的言行举止，活泼任性。她要做的事，谁也不敢阻拦，就是王母也得让她三分。一天清晨，宫女们都未曾起床，瑶姬却早已梳洗完毕。掀开霞帐，推窗启户，只见人间一派明山净水，鸟语花香，田园阡陌，泉美林秀，炊烟袅袅，人流熙熙攘攘，比起天宫要自由得多。瑶姬早想离开烦闷的天宫，寻一清静处逍遥自在。如今下界的美景展现在眼前，撩得她心神激荡。她决心到那里去探个新奇。于是瑶姬离开了天宫，足踏祥云，飘飘然下到一个地方，原来是一个地广人稀的都庞岭腹地、风光迤丽的水乡，这就是普美村。瑶姬与下界的人语言概不相通，可是凡人待客特别讲究礼仪。尤其是姑娘们人人心灵手巧，个个聪明能干。虽然语言不通，但都相处甚好。

人间的姑娘们擅长描花绣朵，纺织花带、花被。她们织绣的绣鞋花、衣边花、头巾简直比天上的彩霞还要绚丽美妙。姑娘们穿上自己纺织的五彩衣裳，灿

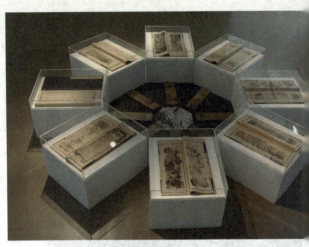

如明霞若天仙。瑶姬佩服得五体投地，于是拜她们为师。瑶姬觉得这里的姐妹什么都好，就是没有文化，不识字，言不达意，意不能书。瑶姬想帮助她们提高言情记事的能力，便回到了天廷，把一套复杂的天书搬了下来。姐妹们虽然想学，但一个个目不识丁。瑶姬又把这深奥的天书一一简化，并与女红刺绣结合起来，用当地的土语读唱，使这些貌若天仙的姐妹们一个个能识善写，作诗绘画，读唱自如。自此，这个改变了的天书在女人中间传递，男人不屑一顾，也不识用，因此就定名为"女书"。

第二种：

传说很久以前，上江圩一农妇生下一个女婴，体重九斤，故取名为九斤姑娘。九斤姑娘自幼天资聪敏，纺纱绩麻，

织布绣花，无所不会，无所不精。她还异想天开地造出了写土话的女字。所以有人传说："只听前人讲古话，九斤姑娘最聪明，女书本是姑娘做，做起女书传世间。"

第三种：

传说宋朝时荆田村出了一个才貌双全的女子名叫胡玉秀（有的说叫胡秀英），后补选入宫为妃。进宫后不久，遭冷遇，苦闷异常。她想写信回家倾吐苦情，又怕太监发现。于是心生一计，根据女红编了一套文字，以歌咏体写在手绢上捎归，并嘱咐亲人：要斜着看，要用土话的音来读。于是这种文字就在妇女中传开了。

但根据地方志上所说，胡玉秀并非入宫为妃，而地方志中提到她的名字，是以她弟弟的姐姐表述。胡玉秀的弟弟进朝为官，后返老归隐，朝廷赐一房宅。有传言说，是为其姐，由其地方志可看，此说并没有根据。

第四种：

传说是盘巧创造的。很久以前，桐口出了个心灵手巧的姑娘名叫盘巧，她3岁会唱歌，7岁会绣花。她唱的歌令人陶醉，绣的花能以假乱真。后来她被官府劫往道州。为了向家人报信，她煞费苦心，根据女红图案造出字来，写了一封信让一条爱犬带归。同村的女友费了很长时间才把信解读出来，从此这种文字就世代相传了。

靠触觉感知的文字：盲文 〉

盲文或称点字、凸字，是专为盲人设计、靠触觉感知的文字。透过点字板、点字机、点字打印机等在纸张上制作出不同组合的凸点而组成，一般每一个方块的点字是由六点组成。

六点盲文的发明者是：路易·布莱尔，也有人翻译为刘易斯·布莱叶。他于1809年1月4日出生在法国一个贫苦的马具匠家里，他3岁时因玩弄工具不慎失手，刺伤了一只眼睛，不久又感染另一只眼睛，以致双目失明。布莱尔的父母没有放弃对这个盲孩子的培养。父亲在木板上用钉子组成字母，教他认字，后又送他到村里的小学读书。布莱尔学习既刻苦又聪明，深受老师和校长的喜爱。

1819年，布莱尔被送进巴黎皇家盲人学校。盲生的课本，用放大的凸版的普通字母印刷而成，又重又笨，摸起来很慢，书写更困难，而且课本的数量很少，大部分课程靠口授。布莱尔学习刻苦、成绩好、求知欲强，但没有可供阅读的书籍。他由此意识到，必须创造一种容易摸读和书写的盲文，才能打开知识宝库的大门。1821年，有一天学校校长请来退休海军军官查尔斯·巴比埃，给学生们讲授

和示范一种"发音"法，或叫"夜间书写"法符号，它是一种用两行各6个凸点的符号来表示各种音标的方法，是专为夜间作战时传递命令和加强联络而创造的。

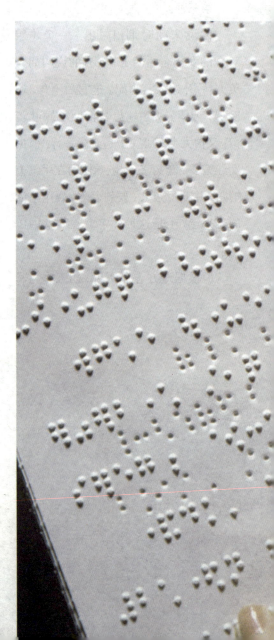

年仅12岁的布莱尔听完这个报告后，激动地对巴比埃说："以凸点代替线条的方法肯定可以创造新的盲文……"此后，布莱尔专心致志地研究这种盲文：究竟需要多少凸点为最佳？怎样编排字母和其他符号？用什么样的写字工具？点距应多大……

1824年，刚满16周岁的布莱尔从人的体形受到启发。他想，每个人都有两个肩膀、两臂和两个膝盖，在这些部位上

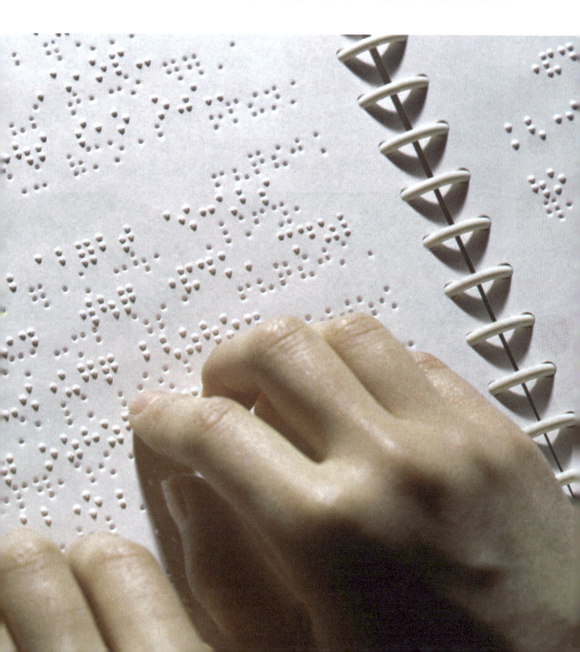

若各加上一个凸点，不就成了放大了的6个凸点了吗？多么有意思的6个点啊！经过一番精心安排，一套以不同方式排列、有规律可循的法语字母方案拟定出来了。6个凸点，加上空白，共有64个变化。

1829年，布莱尔在原方案基础上加入了数学符号和音乐符号。他把这个方案首次向皇家盲人学校全体师生宣读，要求校领导予以审查和推广。1837年正式定稿。次年，出版了世界上第一本布莱叶盲文读物。但是，布莱尔的6点制盲文遭到校领导的反对，他们坚持延用原来的盲文，不准布莱尔在学校传授和使用他的盲文。布莱尔又把修改后的盲文方案提交给法国学术研究院的教授们，请他们评价，但得到的回答仍是否定。布莱尔从盲人学校毕业后，一直留校任教。他曾担任过代数、几何、史地和音乐的教学工作。尽管他工作繁重，健康状况不佳，又遭遇很大挫折，但他并不气馁。由于他的盲文具有很大

WEN ZI ZHEN TAN

的优越性，既便于摸读，又便于书写，深受学生们的欢迎。学校里不准学，他们就在校外偷偷地跟布莱尔学，并义务为他做宣传。

1851年12月，这位年轻的发明家终于积劳成疾，一病不起。就在他去世的前几天，他的一个女学生在一次盛大的音乐会上演奏钢琴。这个双目失明的盲人，对音乐皇冠上的明珠——钢琴，竟有如此娴熟的演奏技巧，令观众大为惊叹！他们纷纷要求她介绍学习钢琴的经过，并传阅搁在钢琴上的盲文乐谱。而这位女学生则将自己的成就完全归功于老师布莱尔，她把他怎样创造盲文，又怎样耐心地教她，以及这种盲文至今尚未被学校当局所采用的情况一一讲了出来，大家深受感动。第二天，巴黎报纸上详细登载了这则消息。巴黎皇家盲人学校在社会舆论压力之下，不得不采用了布莱尔的盲文。

1852年1月，消息传到布莱尔的病榻前，奄奄一息的他为自己的辛勤劳动成果终于被承认而感到欣慰。不久，他即去世，年仅43岁。布莱尔逝世后，他发明的6点制盲文逐渐为世人承认。1887年，布莱尔的盲文被国际公认为正式盲文。为了纪念这位卓越的创造者，1895年，人们将他的姓——布莱尔，作为盲文的国际通用名称。

布莱尔盲文由63个编码字符组成，每一个字符由1—6个凸起的点儿安排在一个有6个点位的长方形里。为了确认63个不同的点式或盲文字符，数点位时是左起自上而下1—2—3，然后右起自上而下4—5—6。这些凸起在厚纸上的行行盲文，可以用手指轻轻摸读。

《布莱尔字符表》可以表明每个字符的构成及它的最简单的意义。手写盲文则首先要备一个金属或塑料制成的盲文字板和专用的椎笔。把纸放在字板中间，用铁笔头把纸压到下层板上的小窝里或成凸点，或成浮雕状，按布莱尔字符从右向左写；把纸翻过来，点就朝上，从左往右读。布莱尔盲文也可用特制的机器造出。中国于1953年公布的新盲字，属拼音制，借鉴了布莱尔浮雕6点制。

图书在版编目（CIP）数据

文字侦探/张玲编著．—北京：现代出版社，
2014.1
ISBN 978 - 7 - 5143 - 2084 - 8

Ⅰ．①文…　Ⅱ．①张…　Ⅲ．①汉字－青年读物②汉字
－少年读物　Ⅳ．①H12－49

中国版本图书馆 CIP 数据核字（2014）第 008803 号

文字侦探

作　　者	张　玲
责任编辑	王敬一
出版发行	现代出版社
地　　址	北京市安定门外安华里 504 号
邮政编码	100011
电　　话	（010）64267325
传　　真	（010）64245264
电子邮箱	xiandai@ cnpitc. com. cn
网　　址	www. 1980xd. com
印　　刷	汇昌印刷（天津）有限公司
开　　本	710 × 1000　1/16
印　　张	8
版　　次	2014 年 1 月第 1 版　2021 年 3 月第 4 次印刷
书　　号	ISBN 978 - 7 - 5143 - 2084 - 8
定　　价	29. 80 元